国家技能人才培养工学一体化系列教材

智能汽车线控底盘检修

信息页

孙礼亮　朱英华◎主编

厦门大学出版社
XIAMEN UNIVERSITY PRESS
国家一级出版社
全国百佳图书出版单位

图书在版编目（CIP）数据

智能汽车线控底盘检修. 信息页 / 孙礼亮，朱英华
主编 ；季开鑫，傅子权，朱海清副主编. -- 厦门 ：厦
门大学出版社，2024.12. --（国家技能人才培养工学一
体化系列教材）. -- ISBN 978-7-5615-9430-8

Ⅰ. U463.1

中国国家版本馆 CIP 数据核字第 2024HS3161 号

智能汽车线控底盘检修·信息页
ZHINENG QICHE XIANKONG DIPAN JIANXIU · XINXIYE

策划编辑	张佐群
责任编辑	胡　佩
美术编辑	蔡炜荣
技术编辑	许克华

出版发行　**厦门大学出版社**

社　　址　厦门市软件园二期望海路 39 号
邮政编码　361008
总　　机　0592-2181111　0592-2181406(传真)
营销中心　0592-2184458　0592-2181365
网　　址　http://www.xmupress.com
邮　　箱　xmup@xmupress.com
印　　刷　厦门集大印刷有限公司

开本　787 mm×1 092 mm　1/16
印张　13.75
字数　332 千字
版次　2024 年 12 月第 1 版
印次　2024 年 12 月第 1 次印刷
定价　68.00 元（共 2 册）

本书如有印装质量问题请直接寄承印厂调换

厦门大学出版社
微信二维码

厦门大学出版社
微博二维码

前言

PREFACE

"智能汽车线控底盘检修"是车辆工程专业的岗位核心课程,是依据《国家职业教育改革实施方案》提出的"三教"改革与产教融合理念,并依照本专业人才培养方案要求,以培养复合型技术技能人才为目标,通过开展行业调研和企业实践专家访谈会,将提取到的典型工作任务进行转化而形成的专业一体化课程。课程内容紧密结合德育元素,做到理实一体、德技并修。

"智能汽车线控底盘检修"课程基于企业典型工作任务,在课程项目中穿插相关岗位必备知识点与技能,侧重培养学生的应用能力。本课程的主要学习任务包括线控底盘数据读取与分析、车辆直行跑偏故障维修、车辆加速异常故障维修、车辆制动拖滞故障维修,可以作为相关专业的职业基础课程。

本书作为该课程的配套教材,在结构设置上将每个项目都分为工作页和信息页两个部分。工作页按照工学一体化的六大环节进行组织,包括获取信息、制定计划、做出决策、实施任务、过程控制和评价反馈,通过企业任务工单的驱动,最大限度地发挥学生的自主探究能力,实现边做边学的教育目标。信息页则提供了完成任务所需的知识点讲解,并穿插了"小贴士""课堂小测"等环节,以帮助学生串联知识点,更好地理解和掌握课程内容。

特色创新

一、科学构建知识技能体系,实现工学一体化课程教学模式的覆盖

本书严格按照人力资源和社会保障部印发的《推进技工院校工学一体化技能人才培养模式实施方案》的要求,由开发团队经过多次研讨,论证确定核心知识与技能体系,形成了融教、学、做、测、评为一体的教材体系和内容。

二、采用活页式、工作手册式设计方式,并配备丰富的教学资源

本书以学生为中心、以工作过程为导向,将企业的岗位要求和工作过程有机融入其中。此外,本书还配备丰富的教学资源,包括课前微课、动画等,方便用书教师使用及参考。

三、创新教学评价体系,多方面、多层次进行综合评价

本书在编写过程中,综合考虑教学活动的具体实施情况,将评价主体分为学生、小组和教师,

将评价维度分为课前预习、专业知识、学习态度、团队素养、任务实施、复盘总结和课后拓展,构建"三主体七维度"教学评价体系。通过对学生课前、课中和课后三个阶段的综合评价,全过程多元化考核学生的知识、技能和素养目标的达成程度。

四、采用"三段课、七环节"教学实施策略,有效达成学习目标

本书在编写过程中,为有效达成学习目标,采用"三段课、七环节"的教学实施策略。"三段课"分别是课前导学、课中研学和课后拓学。"七环节"分别是学、工、知、策、做、评、拓。

- 学——课前学习:课前自主预习新课内容,完成课前测试,检验预习效果。

- 工——明确任务:导入真实岗位的工作任务情景及内容,激发学生的学习兴趣,并明确本课的学习目标和重点内容。

- 知——获取信息:运用多种教学方法及手段对课程内容展开讲解。采用问题引导,激发学生对本课内容的思考,达到探究式学习目的;通过知识讲授,使本课重难点与所探究问题形成呼应,帮助学生吸收内化。

- 策——计划决策:各小组针对任务进行探讨,并做出最优实施计划的决策。

- 做——实施任务及检查反馈:各小组根据任务要求实施任务,并做好过程监控。实训操作过程与企业任务趋同,能提前让学生感知企业工作,培养职业意识。

- 评——评价反馈:召开复盘会,各小组进行成果展示,并进行综合评价。

- 拓——巩固拓展:课后引导学生自主探究,学以致用,延伸教学时空,实现知识迁移,帮助学生扩展视野。

五、坚持立德树人,落实思政及素养教学

本书将素养教学与职业技能相融合,充分挖掘"智能汽车线控底盘检修"课程中所蕴含的德育元素,在专业知识中融入与社会主义核心价值观、创新思维、服务意识、责任意识和社会责任感等相关的内容,以润物无声的方式将正确的价值观传递给读者。

本书可作为中职、高职院校车辆工程相关专业的专业课程教材,同时也可供广大汽车维修从业人员和社会人士阅读参考。

在编写过程中,相关企业给予了大力支持,提供了大量的任务背景、案例、情景素材以及相关资料,在此深表感谢!

本书由厦门技师学院组编,由于时间较紧及编者水平有限,书中难免有不当及疏漏之处,恳请各界人士批评指正,并提出宝贵意见,以便本书日后再版时臻于完善。

编者
2024 年 11 月

目 录

CONTENTS

二维码资源目录

学习任务 1
线控底盘数据读取与分析

学习目标

1. 能认知线控底盘的功能特点及三大系统的组成与工作原理；
2. 能概述线控底盘的关键技术与发展趋势；
3. 能认知 CAN 与 LIN 总线的通信原理，并熟练掌握 CAN 分析仪的使用；
4. 能进行 CAN 通信协议的解析操作；
5. 能理解高压系统的结构与工作原理；
6. 能了解高压操作的注意事项及高压触电的防护方法；
7. 能认知四轮定位参数对车辆行驶状态的影响。

建议课时:36 课时

学习要求

序　号	学习活动	学习内容	学　时
1	线控底盘认知	线控底盘的功能和特点	9
		线控底盘的组成及工作原理	
		线控底盘的关键技术与发展趋势	
2	车载网络通信技术认知	CAN 总线及测试设备认知	9
		LIN 总线网络	

序　号	学习活动	学习内容	学　时
3	新能源汽车高压系统认知	高压系统的结构及工作原理	9
		高压操作注意事项	
		高压触电原理及防护方法	
4	四轮定位参数对车辆行驶状态的影响	前束对汽车的影响	9
		外倾角对汽车的影响	
		主销后倾角对汽车的影响	
		主销内倾角对汽车的影响	

学习活动 1　线控底盘认知

一、线控底盘的功能和特点

1.线控底盘的功能

线控底盘技术水平直接关系到汽车的加减速响应时效、转向灵活性等。随着线控底盘技术的快速发展，车辆机械系统的复杂程度大大降低，控制执行单元可以随时监测车辆的实时运行状态，给车辆发出最佳控制信号，以便获得汽车整体的最佳性能，提高汽车的安全性、稳定性、操纵性，提升汽车节能环保的效能。如图 1.1-1 所示为汽车线控底盘系统示意图。

图 1.1-1　汽车线控底盘系统示意图

2.线控底盘的特点

动画:线控底盘
的特点

线控底盘具有降噪减振、结构合理轻量化、操控精准、制造维护简单快捷、环保和设计个性化等特点。

① 线控底盘的操纵机构和执行机构没有机械连接和机械能量的传递，可以减少噪声和振动，提高了驾驶的舒适性。

② 采用线控省去了大量机械和管路系统及部件，电线更容易布置，这使得汽车的结构更加合理化，并有助于实现轻量化。

③ 线控技术通过计算机控制，使动作响应时间缩短，且能对人工驾驶时驾驶人的动作和执行

元件的动作进行实时监控,并进行修正,使操控更加精准,提高了系统性能。

④ 线控技术使整个系统的制造、装配、测试更为简单快捷,同时采用模块化结构,维护简单,适应性好,系统耐久性能良好,略加变化即可增设各种电控制功能。

⑤ 线控底盘系统节约能源,减少损耗,部分车辆具备能量回收装置,可以提升能源的利用率。

⑥ 汽车线控技术的应用便于实现个性化设计。对于如制动、转向、加速等驾驶过程,可根据用户选择设计不同的程序。

二、线控底盘的组成及工作原理

线控底盘系统的核心组成包括线控转向系统、线控驱动系统、线控制动系统三大系统,如图 1.1-2 所示。其中线控转向系统负责精确控制自动驾驶的路径与方向,线控驱动系统负责掌握自动驾驶中加速和减速时动力的增加和减小,线控制动系统负责掌控底盘安全性和稳定性。

微课:线控底盘的
组成及工作原理

图 1.1-2　线控底盘组成示意图

在自动驾驶模式下,线控底盘系统的工作原理如图 1.1-3 所示:计算平台接收各环境感知传感器发送的数据,对数据进行计算后,通过 CAN(controller area network,控制器局域网络)总线发送给整车控制器(vehicle control unit,VCU),VCU 对计算平台发送的数据再次分析处理,通过 CAN 总线发送给线控底盘系统,进而实现对汽车转向、制动、速度等的控制。

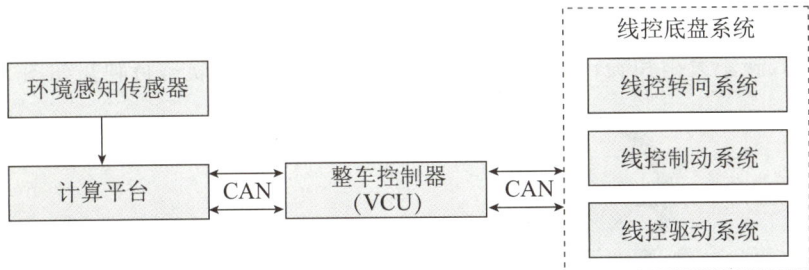

图 1.1-3　线控底盘系统控制图

底盘系统主要的控制单元包括转向系统 ECU(electronic control unit,电子控制单元)、制动系统 ECU 和 MCU(motor controller unit,电机控制单元),如图 1.1-4 所示,这些控制单元通过 CAN 总线与 VCU 进行通信,实现智能网联汽车的转向、制动、速度、挡位等底盘控制。

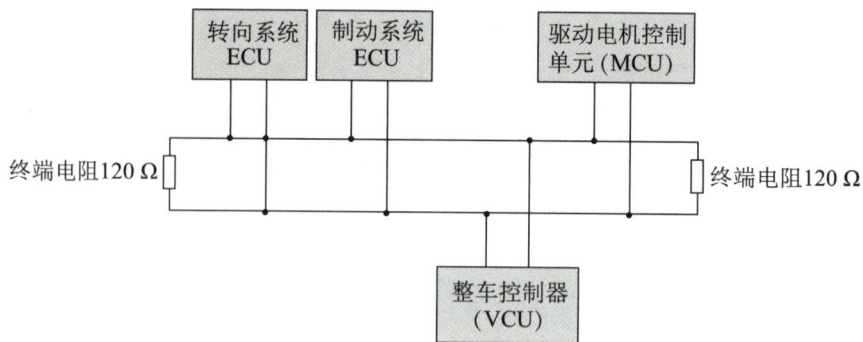

图 1.1-4　线控底盘系统网络拓扑结构

下面分别对线控底盘三大系统的组成与工作原理进行介绍。

1. 线控转向系统

（1）组成

线控转向系统由转向盘模块、转向执行模块和主控制器三个主要组成部分，以及自动防故障系统、电源等辅助模块组成，如图 1.1-5 所示。

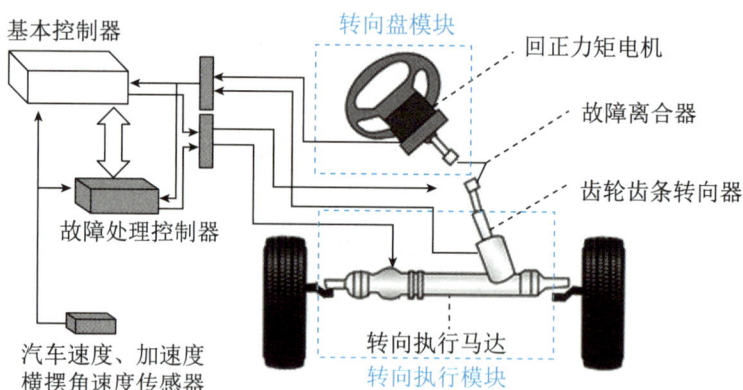

图 1.1-5　线控转向系统组成

（2）工作原理

在人工驾驶模式下，线控转向系统的工作原理是：当转向盘转动时，转矩传感器、转角传感器将测量到的转向盘转矩和转向盘转角转变成电信号输入转向系统 ECU，转向系统 ECU 控制转向电机的旋转方向、转矩大小和旋转角度，使汽车沿着驾驶人驾驶的轨迹行驶。如图 1.1-6 所示。

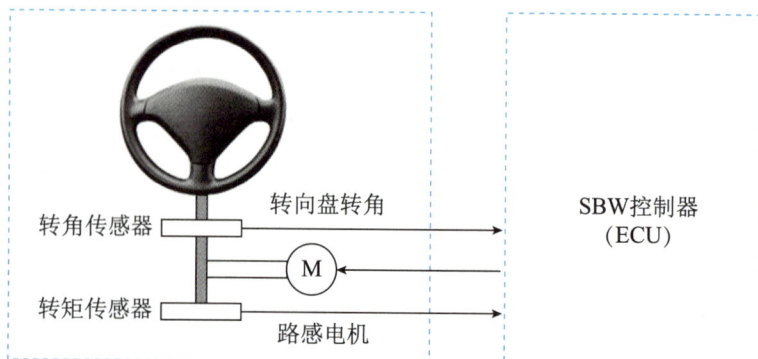

图 1.1-6　人工驾驶模式线控转向系统的工作原理

在自动驾驶模式下,线控转向系统的工作原理是:计算平台将转向意图发送给 VCU,VCU 计算转向盘旋转方向、旋转角度等,再发送给转向系统 ECU,转向系统 ECU 控制转向电机的旋转方向、转矩大小和旋转角度,使汽车沿着预设的轨迹行驶。

2.线控驱动系统

(1)组成

线控驱动系统主要由输入模块、中央控制模块和输出模块等组成,如图 1.1-7 所示。

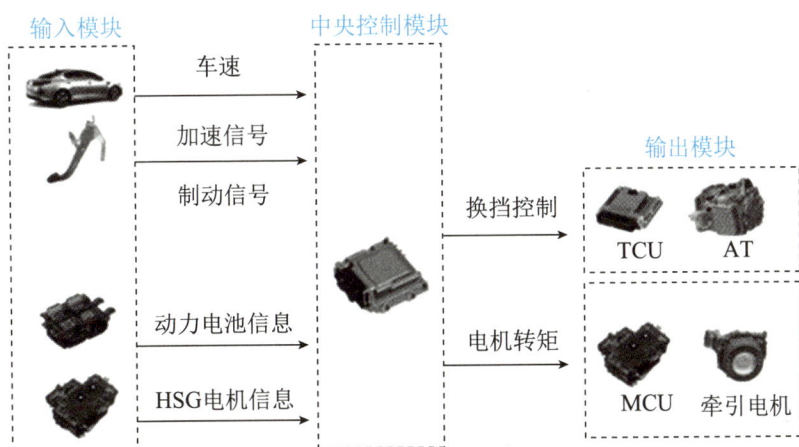

HSG 电机—启动/发电一体式电机;TCU—变速器控制单元;AT—自动变速器;MCU—电机控制单元

图 1.1-7　线控驱动系统组成

(2)工作原理

在人工驾驶模式下,线控驱动系统的工作原理是:驾驶人通过踩加速踏板,加速踏板位置传感器将踏板的位置转化为电信号传送至汽车的 VCU,VCU 通过车载网络传递至 MCU,MCU 将收集到的相关传感器信号经过处理后控制驱动电机的转向、转速,使汽车沿着期望的方向和速度行驶。

在自动驾驶模式下,线控驱动系统的工作原理是:计算平台将加速或减速、换挡等驱动意图发送给 VCU,VCU 计算车速、挡位等,再发送给 MCU,MCU 驱动电机,使汽车沿着预设的方向和速度行驶。

3.线控制动系统

(1)组成

线控制动系统主要由制动踏板、传感器、ECU 及执行器等部分组成,如图 1.1-8 所示。

(2)工作原理

在人工驾驶模式下,线控制动系统的工作原理是:制动踏板接收驾驶人踩制动踏板的信息,制动系统 ECU 制定制动方案以达到最短制动距离,然后以电信号形式传递到制动执行单元实现制动。

在自动驾驶模式下,线控制动系统的工作原理是:计算平台将制动意图发送给 VCU,VCU 计算制动行程、制动压力等,再发送给制动系统 ECU,制动系统 ECU 控制制动执行机构,实现汽车制动。

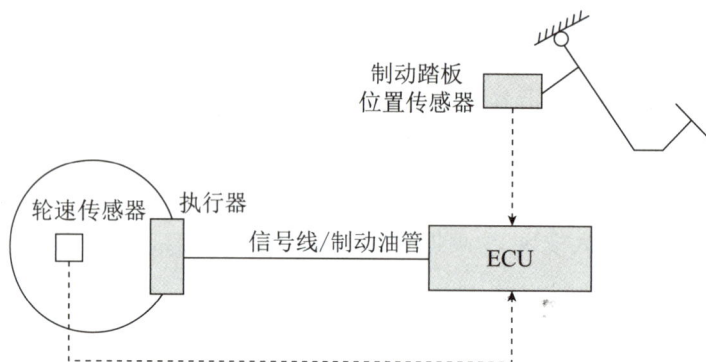

图 1.1-8　线控制动系统组成

三、线控底盘的关键技术与发展趋势

1. 关键技术

微课：线控底盘的关键
技术及发展趋势

汽车线控技术发展的关键技术主要包括信息获取与传输、驾驶人意图与工况识别、电机及其控制器、故障诊断与容错识别、电源与能量管理、底盘集成控制等相关技术。

(1) 信息获取与传输技术

主要包括传感器技术、状态估计和辨识技术、总线技术，其目标是实现控制器准确获取汽车状态和路面环境信息并保证信息传输具有实时可靠性。

(2) 驾驶人意图与工况识别技术

对于线控汽车的控制，系统需要准确辨识驾驶人的驾驶意图，并结合驾驶环境工况做出相应的动作。

(3) 电机及其控制器技术

线控系统主要通过控制器驱动各种电机实现执行机构的目标控制。电机及其控制器性能很大程度上影响着线控汽车的整体性能。

(4) 故障诊断与容错识别技术

汽车线控技术具备传统机械或液压系统不具备的优势，但是还没有达到机械或液压部件那样可靠的程度，所以系统的故障诊断与容错识别是实际应用中必须解决的问题。

(5) 电源与能量管理技术

线控系统集成了大量的电气设备，耗电量也大大增加，对车载电源的功率和能量管理方面提出了更高的要求。

(6) 底盘集成控制技术

增加底盘控制功能、执行机构、传感器等后，子系统间的耦合、影响甚至控制动作的冲突将不可避免，所以如何做好系统间的协调、稳定工作将是未来线控底盘技术的关键技术。

2.发展趋势

随着汽车逐步向电动化、智能化、网联化、共享化发展,在未来的自动驾驶车辆上,转向杆、制动踏板和加速踏板等都将不再保留,更先进的驾驶方式是利用车辆智能感知单元进行分析,通过线束将工作指令传递给转向系统或制动系统来实现自动驾驶。

动画:线控底盘技术的发展

(1)以前

汽车转向系统或制动系统等以机械或液压为主,几乎无线控系统。

(2)现阶段

汽车逐渐使用线控系统,如线控换挡、线控油门等;越来越多的汽车搭载电子控制技术,如EPS(电动助力转向系统)、ABS(防抱死制动系统)等。

(3)未来

随着汽车电气化程度逐渐提高,底盘子系统电控化程度也在逐渐增加,从以前搭载单个线控子系统到同时搭载多个线控子系统,最终达到全局线控化。底盘系统集成化程度逐渐提高,域控制器将取代传统多系统单独控制机制。

学习活动 2　车载网络通信技术认知

一、CAN 总线及测试设备认知

车载网络通信技术部分主要介绍 CAN(控制器局域网络)总线和 LIN(局域互联网络)总线两种。CAN 总线是一种广泛应用于汽车电子系统的通信协议,它具有高可靠性、实时性和高带宽的特点。LIN 总线是一种低速串行通信协议,主要用于连接车辆中低速数据传输的节点,如车门、窗户、座椅等。

线控底盘系统上的各控制单元通过 CAN 总线与 VCU(整车控制器)进行通信。CAN 总线系统可以从硬件组成、网络通信原理、数据格式、CAN 通信协议解析、CAN 分析仪的使用方法五个方面来深入讲解。

1.CAN 总线硬件组成

CAN 总线的总体构成如图 1.2-1 所示,主要由若干个节点、两条数据传输线(CAN-H、CAN-L)与终端电阻组成。

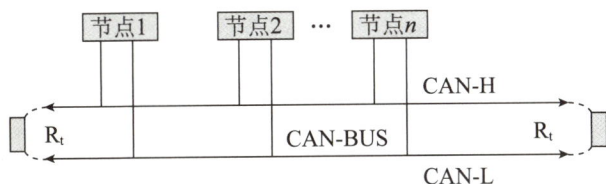

微课:CAN 总线组成及网络通信原理

图 1.2-1　CAN 总线的总体构成

（1）节点

CAN 节点主要由微控制器、CAN 控制器、CAN 收发器组成。目前，汽车上多采用内部集成 CAN 控制器的微控制器，如图 1.2-2 所示。CAN 总线上的每个节点独立完成网络数据交换和测控任务，理论上 CAN 总线可以连接无数个节点，但实际上受总线驱动能力的限制，目前每个 CAN 总线系统中最多可以连接 110 个节点。

CAN 节点中的 CAN 控制器具有数据打包/解包和验收滤波的作用，而 CAN 收发器具有同时发送和接收和数字信号与总线电压信号的转换的作用。

如图 1.2-3 所示为 CAN 收发器实现信号转换的过程，CAN 收发器将 CAN-H 和 CAN-L 两根线的电压做差分运算后生成差分电压信号，然后采用负逻辑将差分电压信号转换为数字信号。

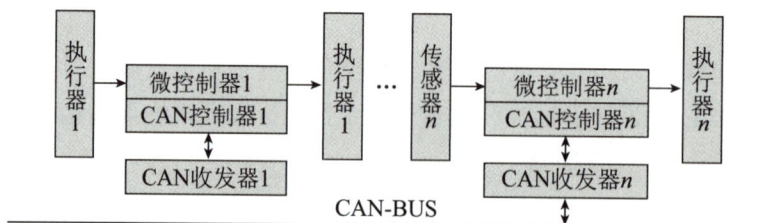

图 1.2-2 CAN 总线的网络结构

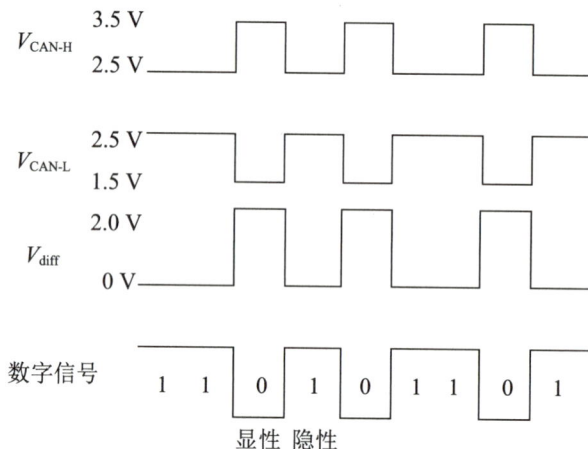

图 1.2-3 CAN 总线电压信号到逻辑信号的转换

为了提高网络通信的可靠性和实时性，CAN 总线只有物理层、数据链路层和应用层，如图 1.2-4 所示。其中数据链路层和物理层的协议分别由 CAN 控制器和 CAN 收发器自动完成，因此在 CAN 总线应用系统设计时，主要任务是对其应用层程序进行设计。

（2）数据传输线

CAN 数据传输线是双向串行总线，大都采用具有较强抗干扰能力的双绞线，分为 CAN-H 线和 CAN-L 线，两线缠绕绞合在一起，其绞距为 20 mm，横截面积为 $0.35\ mm^2$ 或 $0.50\ mm^2$，如图 1.2-5 所示。

图 1.2-4　CAN 的物理层、数据链路层示意图

图 1.2-5　CAN 总线

（3）终端电阻

终端电阻的作用是防止信号在传输线终端产生反射波,而使正常传输的数据受到干扰。

2.CAN 总线网络通信原理

节点 1 向节点 n 传输数据的流程如图 1.2-6 所示。

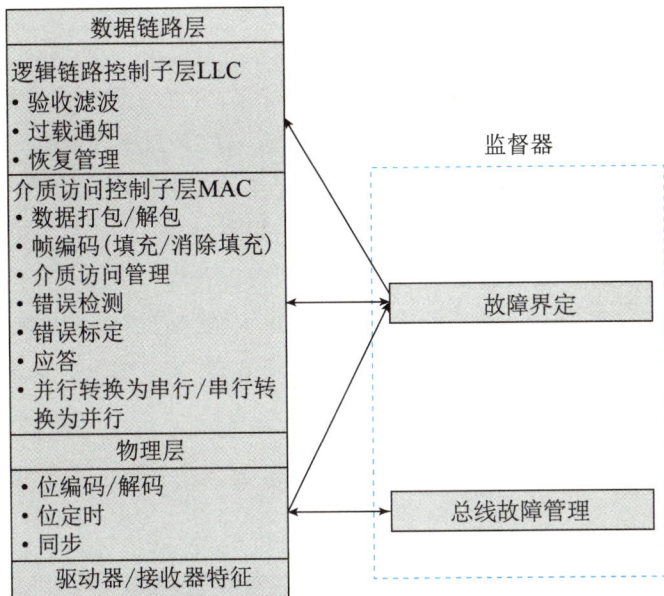

图 1.2-6　CAN 总线网络通信原理

① 节点 1 的微控制器 1 对传感器 1 进行数据采集。

② 将传感器 1 对应的数字信号附加一个数据 ID 发送给 CAN 控制器 1。

③ CAN 控制器 1 对数据进行打包,然后将数据包发送给 CAN 收发器 1。

④ CAN 收发器 1 再将其数字信号转换为对应的 CAN 总线电压信号,从而完成数据发送过程。

⑤ 节点 n 从 CAN 总线上接收到电压信号后,首先由 CAN 收发器 n 将总线电压信号转换为对应的数字信号,然后将数字信号发送给 CAN 控制器 n。

⑥ CAN 控制器 n 首先对其收到的数据进行验收滤波,判断收到的信号是不是自身节点需要的数据,若是,则接收此数据并对其进行解包;若否,节点 n 放弃此次收到的 CAN 数据。

⑦ 解包完毕后,CAN 控制器 n 为节点 n 的微控制器 n 提供有效数据。

⑧ 微控制器 n 根据节点 1 的传感器信号控制执行器 n 动作。

微课:CAN 总线
数据格式

3. CAN 总线数据格式

CAN 总线通信帧共分为数据帧、远程帧、错误帧、过载帧和帧间隔 5 种类型,下面主要介绍数据帧。数据帧由 7 个段组成,其中根据仲裁段 ID 长度的不同,分为标准帧和扩展帧,如图 1.2-7 所示。

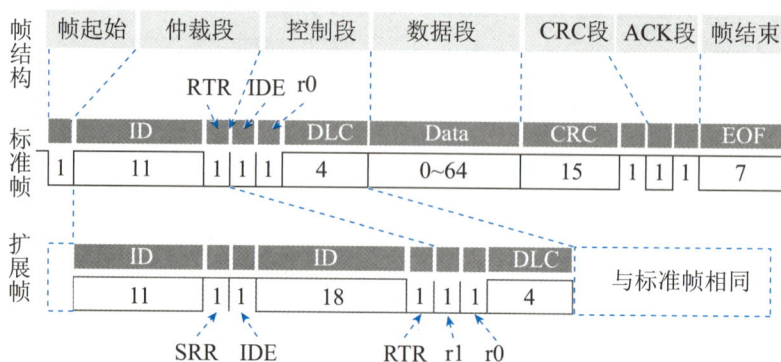

图 1.2-7 数据帧结构

(1)帧起始和帧结束

帧起始和帧结束用于界定一个数据帧,如图 1.2-8 所示,无论是标准数据帧还是扩展数据帧都包含这两段。其中帧起始由单个显性位组成,总线空闲时,发送节点发送帧起始,其他接收节点同步于该帧起始位。帧结束由 7 个连续的隐性位组成,是一个数据帧的结束标识序列。

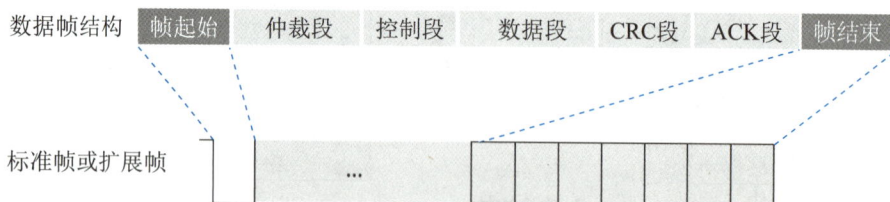

图 1.2-8 帧起始和帧结束结构

(2)仲裁段

仲裁段分为标准格式和扩展格式,其区别在于标识符场的长度。具有 11 位标识符场的称为标准帧,具有 29 位标识符场的称为扩展帧,如图 1.2-9 所示。标准帧共 12 位,由 11 位 ID 和远程帧发送请求位 RTR 组成;扩展帧共 32 位,由 29 位 ID、替代远程请求位 SRR、扩展帧标志位 IDE 及远程帧发送请求位 RTR 组成。

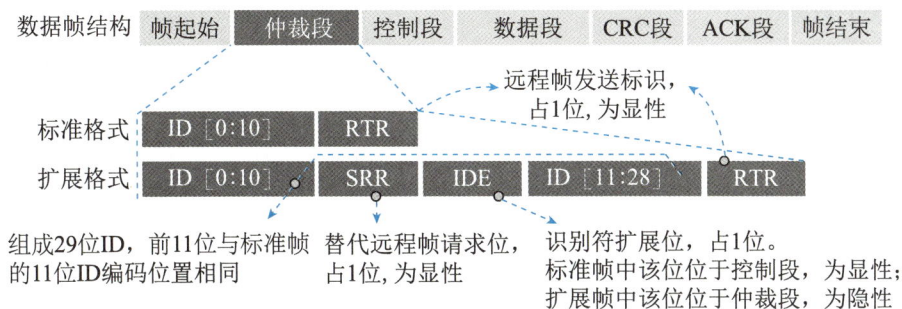

数据帧结构　帧起始　仲裁段　控制段　数据段　CRC段　ACK段　帧结束

标准格式　ID [0:10]　RTR

扩展格式　ID [0:10]　SRR　IDE　ID [11:28]　RTR

远程帧发送标识，占1位，为显性

组成29位ID，前11位与标准帧的11位ID编码位置相同

替代远程帧请求位，占1位，为显性

识别符扩展位，占1位。标准帧中该位位于控制段，为显性；扩展帧中该位位于仲裁段，为隐性

图 1.2-9　仲裁段结构

CAN 总线没有规定各节点的优先级，是通过仲裁段 ID 决定各节点数据帧的优先级。ID 为 0，即显性，在 CAN 控制器中对应低电平；ID 为 1，即隐性，在 CAN 控制器中对应高电平。0 的优先级大于 1。

此外，CAN 控制器在发送数据的同时，监测数据线的电平是否与发送数据对应电平相同，如果不同，则停止发送并做其他处理，如图 1.2-10 所示。

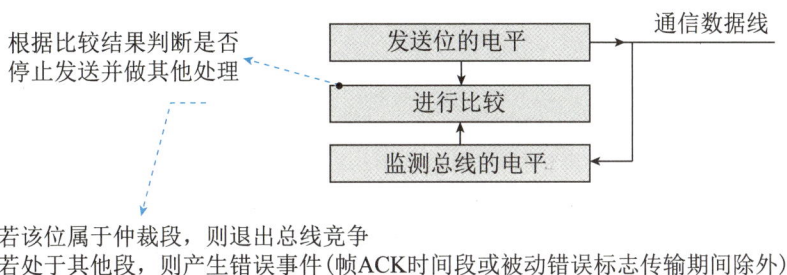

根据比较结果判断是否停止发送并做其他处理

发送位的电平　　通信数据线
进行比较
监测总线的电平

- 若该位属于仲裁段，则退出总线竞争
- 若处于其他段，则产生错误事件（帧ACK时间段或被动错误标志传输期间除外）

图 1.2-10　CAN 控制器电平监测示意图

在智能网联汽车的线控底盘系统中，已对线控转向、线控制动、线控驱动等系统预先配置好 ID 地址，在调试界面选择 ID 地址后，即可通过输入 CAN 报文对相应的线控底盘系统进行调试。

计算平台、VCU、线控底盘系统之间 CAN 报文发送与接收的所有 ID（地址）如表 1.2-1 所示。

表 1.2-1　计算平台、VCU、线控底盘系统之间 CAN 报文发送与接收的 ID

发　送	接　收	ID（地址）	发　送	接　收	ID（地址）
计算平台	VCU	0x110	VCU	计算平台	0x101/0x102/0x103
VCU/MCU	EHB-ECU	0x289	VCU	EHB-ECU	0x364
MCU	VCU	0x310/0x311/0x312	VCU	MCU	0x301
EPS-ECU	VCU	0x18F	VCU	EPS-ECU	0x314

本节主要介绍的线控底盘系统采用的通信帧格式为标准帧，有 11 位 ID，且 C 语言、C++、Shell、Python、Java 语言及其他相近的语言须使用字首"0x"，其中开头的"0"可使解析器更易辨认

数,"x"则代表十六进制。

例如本节中用"0x314"表示整车控制器(VCU)向电动助力转向系统控制器(EPS-ECU)发送CAN报文的ID。

（3）控制段

控制段共 6 位,标准帧的控制段由扩展帧标志位 IDE、保留位 r0 和数据长度代码 DLC 组成;扩展帧控制段则由 r1、r0 和 DLC 组成,如图 1.2-11 所示。

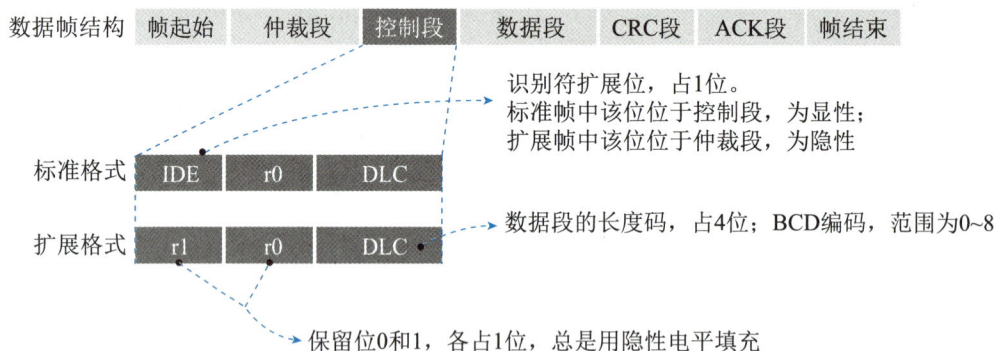

图 1.2-11　控制段结构

（4）数据段

数据段为实际的数据字段,容纳的数据量为 0～8 字节,如图 1.2-12 所示,这种短帧结构使得CAN 总线实时性很高,非常适合汽车和工控领域。

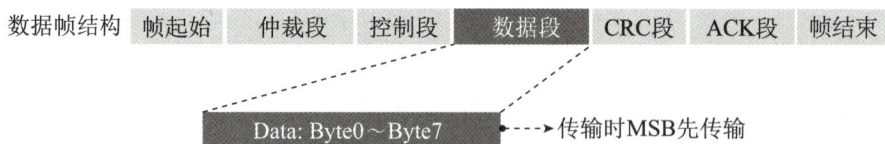

图 1.2-12　数据段结构

与其他总线协议相比,CAN 总线的短帧结构具有以下优势:

① 数据量小,发送和接收时间短,实时性高。

② 数据量小,被干扰的概率小,抗干扰能力强。

在各线控底盘系统的调试过程中,输入的控制报文就是数据帧中的数据段,即线控底盘系统调试界面"数据"框中所填写的数据,如图 1.2-13 所示。系统通过对应电控单元对报文进行解析,控制智能网联汽车的转向、制动、速度等。

（5）CRC 段

CAN 总线使用 CRC 校验进行数据检错,其中校验的范围包括从帧起始到数据段区域,CRC 校验值存放于 CRC 段。CRC 校验段由 15 位 CRC 值和 1 位 CRC 界定符组成,如图 1.2-14所示。

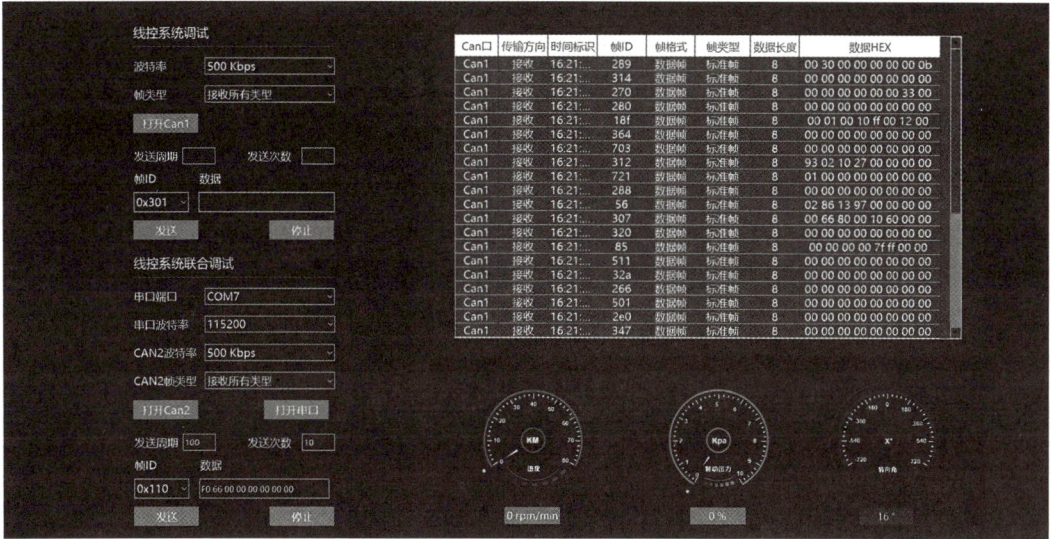

图 1.2-13　线控底盘系统调试画面

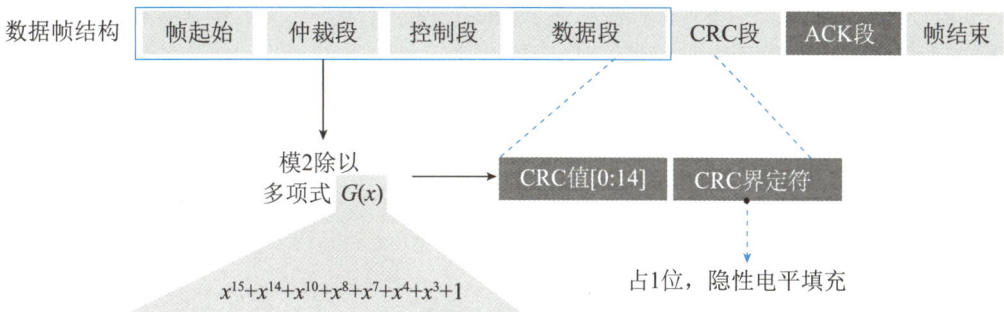

图 1.2-14　CRC 段结构

（6）ACK 段

ACK 由 2 位组成，分别为 ACK 槽和 ACK 界定符，如图 1.2-15 所示。其中 ACK 界定符为隐性位，ACK 槽为隐性还是显性与接收节点接收的帧起始到 CRC 段之间的内容是否有误有关。当接收的内容没有发生错误时，ACK 槽为显性，则 ACK 段发送一个显性电平。

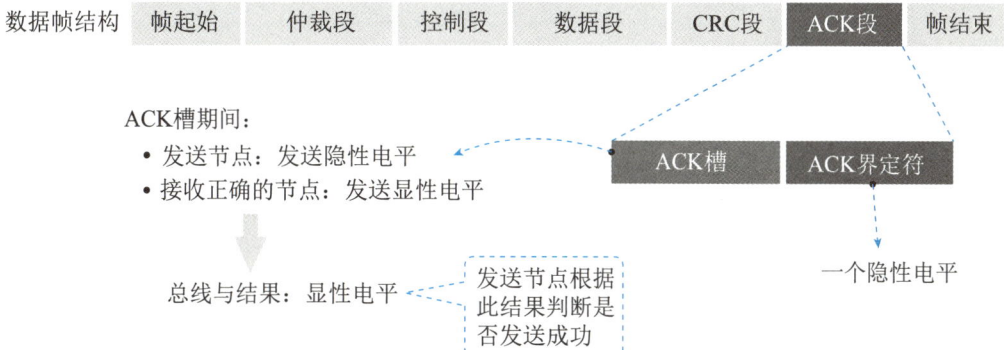

图 1.2-15　ACK 段结构

4.CAN 通信协议解析

（1）CAN 总线基础知识

目前汽车上的网络连接方式主要采用两条 CAN：一条用于驱动系统的高速 CAN，速率达到 500 kbit/s；另一条用于车身系统的低速 CAN，速率是 100 kbit/s。高速 CAN 的主要连接对象是发动机控制器（engine control unit，ECU）、ABS 控制器、安全气囊控制器、组合仪表等，它们的基本特征相同，都是控制与汽车行驶直接相关的系统的各个 CAN 之间的资源共享，并将各个数据总线的信息反馈到仪表板上。

与高速 CAN 相同，低速 CAN 也采用双绞线连接，分别传递 CAN-H 和 CAN-L 的信号，只是低速 CAN 传递信号的速度较慢，波形也与高速 CAN 不同，适合车上不需要特别高通信速率但需要较强抗干扰能力的节点用。

CAN 通信是基于报文的交换，报文与 CAN 标识符、数据长度代码（DLC）一起打包，以数据帧的形式发送至 CAN 总线。信号有自己的属性，其属性影响包含该信号的报文的传输。为保证 CAN 报文正确传输，表 1.2-2 所示为位和字节格式的定义。

表 1.2-2　CAN 信息帧结构说明

字　节	位							
	bit7	bit6	bit5	bit4	bit3	bit2	bit1	bit0
Byte0	7	6	5	4	3	2	1	0
Byte1	15	14	13	12	11	10	9	8
Byte2	23	22	21	20	19	18	17	16
Byte3	31	30	29	28	27	26	25	24
Byte4	39	38	37	36	35	34	33	32
Byte5	47	46	45	44	43	42	41	40
Byte6	55	54	53	52	51	50	49	48
Byte7	63	62	61	60	59	58	57	56

每个数据场包括 1～8 字节，每字节中位索引为位"0～7"。位"7"是最高有效位（msb），位"0"是最低有效位（lsp），如表 1.2-3 所示。

表 1.2-3　CAN 数据帧发送顺序表

Byte0								Byte1								···	Byte7							
7	6	5	4	3	2	1	0	15	14	13	12	11	10	9	8	···	63	62	61	60	59	58	57	56

例如：假设消息 CAN_TX_MESSAGELsp Pos 为 12，bit size 为 4，那么，该消息在整个 CAN 数据帧中的分布见表 1.2-4。

表 1.2-4　CAN 数据帧发送顺序表

字　节	位							
	bit7	bit6	bit5	bit4	bit3	bit2	bit1	bit0
Byte0	7	6	5	4	3	2	1	0
Byte1	15	14	13	12lsb	11	10	9	8
Byte2	23	22	21	20	19	18	17	16
Byte3	31	30	29	28	27	26	25	24
Byte4	39	38	37	36	35	34	33	32
Byte5	47	46	45	44	43	42	41	40
Byte6	55	54	53	52	51	50	49	48
Byte7	63	62	61	60	59	58	57	56

（2）CAN 数据的格式

在进行 CAN 总线的通信设计过程中,对于通信矩阵的建立,常常会选择一种编码方式,最常见的编码格式是 Intel 格式和 Motorola 格式。两种格式在每字节中,数据传输顺序都是从高位（msb）传向低位（lsp）。如图 1.2-16 所示。

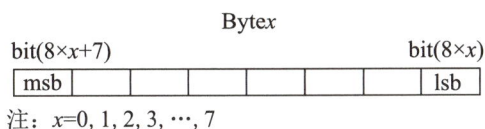

Byte$x$

bit($8 \times x + 7$)　　　　　　　　　　　bit($8 \times x$)

| msb | | | | | | | lsb |

注：$x = 0, 1, 2, 3, \cdots, 7$

图 1.2-16　数据传输顺序

当一个信号的数据长度不超过 1 字节（8 位）时,Intel 与 Motorola 两种格式的编码结果没有什么不同。当信号的数据长度超过 1 字节（8 位）时,两者的编码结果出现了明显的不同。

信号的高位,即最能表达信号特性的因子,比如:十六进制数为 0x6A5,因为 6 代表的数量级最大（16^2）,那么其中 6 就是其信号的高位。信号的低位,即最不能表达信号特性的因子,比如:十六进制数为 0x6A5,因为 5 代表的数量级最小（16^0）,那么其中 5 就是其信号的低位。信号的起始位,一般来讲,主机厂在定义整车 CAN 总线通信矩阵时,其每一个信号都从其最低位开始填写,这样也符合使用习惯。所以信号的起始位就是信号的最低位。

① Intel 格式:当一个信号长度不超过 1 字节（8 位）并且信号在 1 字节内实现（即该信号没有跨字节实现）时,该信号的高位（S_msb）将被放在该字节的高位,信号的低位（S_lsb）将被放在该字节的低位。这样信号的起始位就是该字节的低位。如图 1.2-17 所示分别为以 4 位和 8 位数据长度两种信号的说明。

当一个信号的数据长度超过 1 字节（8 位）或者数据长度不超过 1 字节但是采用跨字节方式实现时,该信号的高位（S_msb）将被放在高字节的高位,信号的低位（S_lsb）将被放在低字节的低位。这样,信号的起始位就是低字节的低位。如图 1.2-18 所示为 16 位数据长度的信号说明。

② Motorola 格式:当一个信号的数据长度超过 1 字节（8 位）并且信号在 1 字节内实现（即该信号没有跨字节实现）时,Motorola 格式未跨字节数据帧发送顺序表与 Intel 格式相同。而当一个

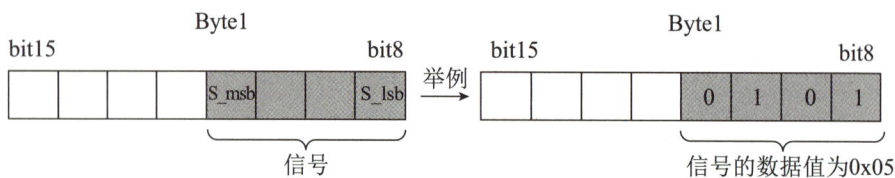

（a）4位数据长度的信号

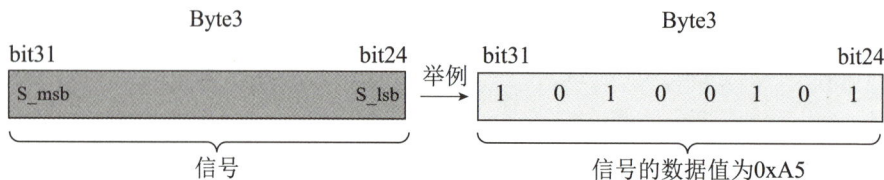

（b）8位数据长度的信号

图 1.2-17　Inter 格式未跨字节数据帧发送顺序表

信号的数据长度超过 1 字节（8 位）或者数据长度不超过 1 字节但是采用跨字节方式实现时，该信号的高位（S_msb）将被放在低字节的高位，信号的低位（S_lsb）将被放在高字节的低位。这样，信号的起始位就是高字节的低位。如图 1.2-19 所示。

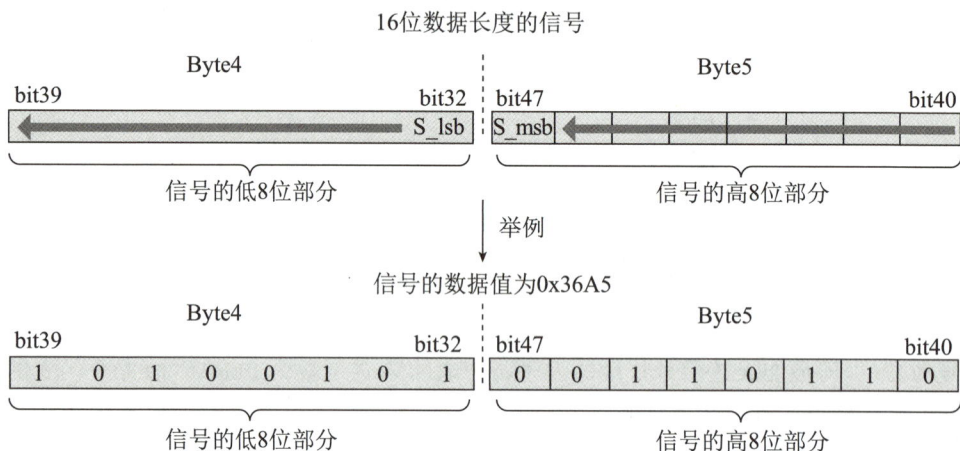

图 1.2-18　Inter 格式跨字节数据帧发送顺序表

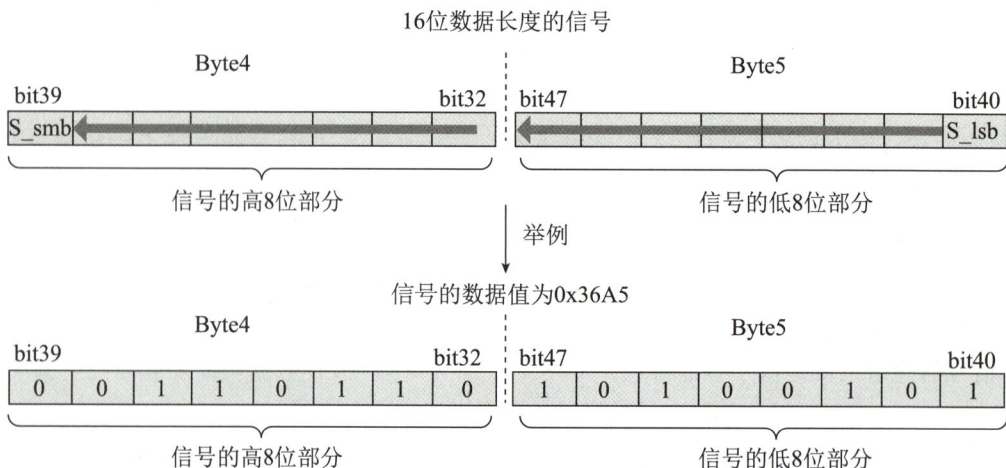

图 1.2-19　Motorola 格式跨字节数据帧发送顺序表

例如:发送给 ID(地址)00 00 00 E2 数据"88 00 0A 00 00 00 00 00",制动系统的制动压力是 1 MPa,如表 1.2-5 所示。

表 1.2-5　制动的 CAN 数据帧表

ID(地址)	信号名称	Start Byte (开始字节)	Lsb Pos (最低有效位)	Bit size (位数)	信号属性		信号的值	信号注释
00 00 00 E2	C_BrkEnabl	0	7	1	禁用		0	自动制动使能
					启用		1	
	C_MAMod	0	3	1	禁用		0	系统自动模式使能
					启用		1	
	C_Pressure	2	7	8	有符号数		$E=N\times0.1$ (MPa)	制动压力控制信号

小贴士

二进制、十进制及十六进制的转换与计算

1. 常见进位计数制

常用的几种进位计数制的表示如表 1.2-6 所示。

表 1.2-6　进位计数制的表示

进位制	基　数	基本符号(采用数码)	权	表示形式
二进制	2	0,1	2^1	B
十进制	10	0,1,2,3,4,5,6,7,8,9	10^1	D
十六进制	16	0,1,2,3,4,5,6,7,8,9,A,B,C,D,E,F	16^1	H

2. 不同数制之间的转换与计算

(1) 二进制转十进制数[示例 10110(二进制)→22(十进制)]

原理:用该数制的各位数乘以各自位权数,然后将乘积相加,用按权展开的方法即可得到对应的结果。

具体算法:$10110=(1\times2^4+0\times2^3+1\times2^2+1\times2^1+0\times2^0)=16+4+2=22$。

(2) 二进制转十六进制[示例 1011011(二进制)→5B(十六进制)]

原理:4 位分一组,以小数点为界,整数部分从右向左(小数部分从左向右每 4 位一组),若最后一组不足 4 位,则在最高位前面添 0 补足 4 位。

具体算法:最后一组不足 4 位,则在前方添 0,最终为 0101 1011,根据二进制转十进制的方法 $0101=0\times2^3+1\times2^2+0\times2^1+1\times2^0=5$,同理 $1011=11=B$。

(3) 十进制转二进制[示例 9(十进制)→1011(二进制)]

原理:除以 2,反向取余数,直到商为 0 终止。

具体算法:将某个十进制数除 2 得到的整数部分保留,作为第二次除 2 时的被除数,得到

的余数依次记下,重复上述步骤,直到整数部分为 0 结束,将所有得到的余数最终逆序输出,则为该十进制对应的二进制数。如图 1.2-20 所示。

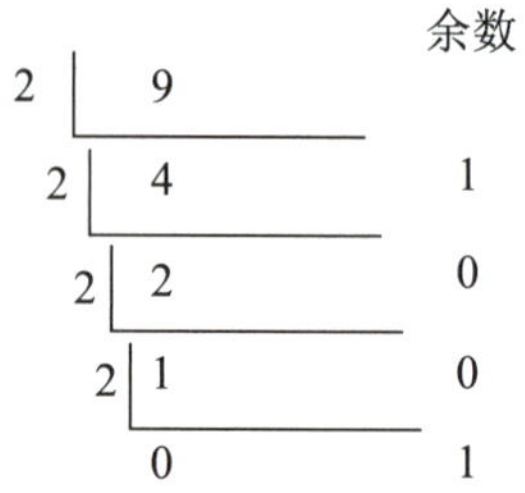

余数

图 1.2-20　十进制转二进制具体算法

(4)十进制转十六进制[示例 796(十进制)→31C(十六进制)]

原理:除以 16,反向取余数,直到商为 0 终止。

具体算法:同二进制转十进制,如图 1.2-21 所示。

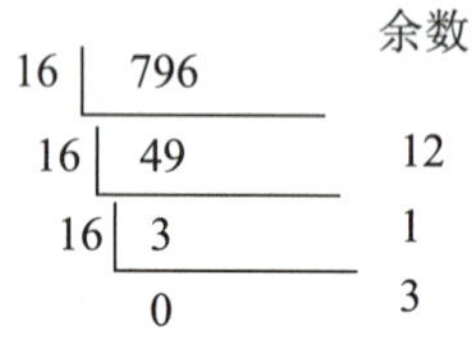

余数

十六进制数是由0~9和A~F组成的,A相当于十进制中的10,B相当于11,依次类推,F相当于15,取得的余数12即为十六进制中的C

图 1.2-21　十进制转十六进制具体算法

(5)十六进制转二进制[示例 3B7D(十六进制)→0011101101111101(二进制)]

原理:一分为四,即把每一位上的十六进制数写成对应的 4 位二进制数即可。

具体算法:$3=0\times2^3+0\times2^2+1\times2^1+1\times2^0$,从左至右读数为 0011,其他同理计算。

(6)十六进制转十进制[示例 232(十六进制)→562(十进制)]

原理:先将十六进制数按位权展开,再将乘积相加。

具体算法:$232=(2\times16^2+3\times16^1+2\times16^0)=512+48+2=562$

5.CAN 分析仪的使用方法

(1)CAN 总线分析仪概述

微课:CAN 分析仪的使用方法

　　进行底盘线控系统的调试时,须通过 CAN 总线发送调试报文和接收反馈报文,而报文的发送和接收需要用 CAN 分析仪,将所要调试的底盘线控系统与调试计算机连接起来。CAN 分析仪可用于分析底盘线控 CAN 总线的网络数据、错误状态、网络负载、应用层协议或模拟 CAN 总线应用终端的工作状态。本节主要以 USBCAN-2E-U 型号为例介绍 CAN 总线分析仪的使用方法。如图 1.2-22 所示为 USBCAN-2E-U。

图 1.2-22　USBCAN-2E-U 总线分析仪

（2）CAN 总线分析仪结构

CAN 分析仪由供电模块、系统状态指示灯、接线端口三部分组成，如图 1.2-23 所示。

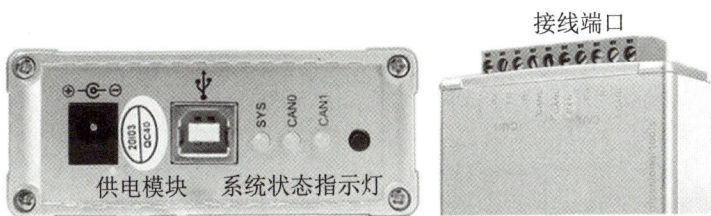

动画：CAN 分析仪的组成

图 1.2-23　CAN 分析仪的主要结构

① 供电模块：主要包含外部供电模式与 USB 总线供电模式两种，DC9v 为外置电源接口，设备脱机模式会用到，一般情况下无须接入；USB 接口为 USBCAN 设备供电，是与计算机通信用到的接口。

② 系统状态指示灯：具有 1 个双色 SYS 指示灯、1 个双色 CAN0 指示灯、1 个双色 CAN1 指示灯，指示设备的运行状态。这 3 个指示灯的具体指示功能如表 1.2-7 所示；3 个指示灯处于各种状态下时，CAN 总线的状态如表 1.2-8 所示。

表 1.2-7　CAN 分析仪的指示灯

指示灯	状　态	指示状态
SYS	红色	设备初始化状态指示
	绿色	USB 接口信号指示
CAN0	绿色	CAN 接口运行正确
	红色	CAN 接口出现错误
CAN1	绿色	CAN 接口运行正确
	红色	CAN 接口出现错误

表 1.2-8　CAN 分析仪的指示灯状态

CAN 指示灯状态	CAN 总线状态
CAN0、CAN1 全灭	CAN 控制器与总线断开
CAN0、CAN1 红绿交替闪烁	CAN 控制器未启动,提示用户启动 CAN 控制器
CAN0、CAN1 绿色指示灯常亮	CAN 总线运行正确
CAN0、CAN1 绿色指示灯常亮,红色指示灯闪烁	CAN-BUS 总线有错误或数据溢出,有可能丢失

③ 接线端口:USBCAN-2E-U 接口卡集成 1～2 路 CAN 通道,可以用于连接一个 CAN-BUS 网络或者 CAN-BUS 接口的设备。CAN-BUS 通道由一个 10Pin AWG 14-22 插拔式接线端子引出。接线端口的引脚定义如表 1.2-9 所示。

表 1.2-9　CAN 分析仪接线端口的引脚定义

引　脚	端　口	名　称	功　能
1	CAN0	CAN-L	CAN-L 信号线
2		R-	终端电阻(内部连接到 CAN-L)
3		SHIELD	屏蔽线(FG)
4		R+	终端电阻(内部连接到 CAN-H)
5		CAN-H	CAN-H 信号线
6	CAN1	CAN-L	CAN-L 信号线
7		R-	终端电阻(内部连接到 CAN-L)
8		SHIELD	屏蔽线(FG)
9		R+	终端电阻(内部连接到 CAN-H)
10		CAN-H	CAN-H 信号线

(3)CAN 分析仪的使用

① 首先将 USB 电缆直接连接计算机的 USB 接口,由计算机的 USB 接口向 USBCAN-2E-U 接口卡提供电源。

② USBCAN-2E-U 接入 CAN 总线,按照 CAN-H 连 CAN-H、CAN-L 连 CAN-L 的方式连接,即可建立通信。

③ CAN-BUS 网络采用直线拓扑结构,总线最远的 2 个终端接入 120 Ω 的终端电阻。

小贴士

节点数目大于 2,中间节点不需要安装 120 Ω 的终端电阻,对于分支连接,其长度不应超过 3 m。

④ 根据系统指示灯判断与设备的连接状态。

⑤ 安装 ECANTools 软件,将设备插入计算机 USB 端口,检查设备管理器里是否含有此设备。

小贴士

如果没有驱动,需要安装设备的驱动程序,驱动程序安装成功之后,打开 ECANTools 软件,进入设定参数界面(图 1.2-24):设备类型选择"USBCAN-2E-U"→点击"打开设备"→工作模式选择"正常模式"→选择与用户 CAN 设备一致的波特率→点击"确定"。

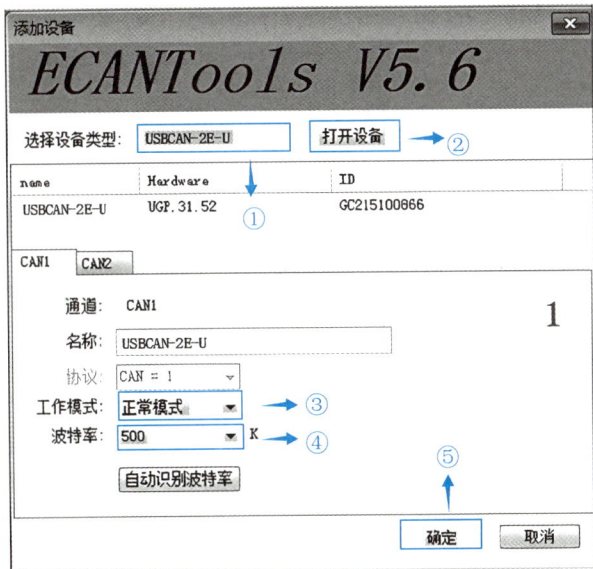

图 1.2-24　ECANTools 软件参数设置

⑥ 设定好参数之后进入软件,如图 1.2-25 所示,此时设备的 SYS 指示灯进入闪烁状态。如果 CAN 设备此时正在主动发送数据,那么在软件 Receive 界面中就会收到 CAN 数据并且设备对应通道的 CAN 灯会闪烁。

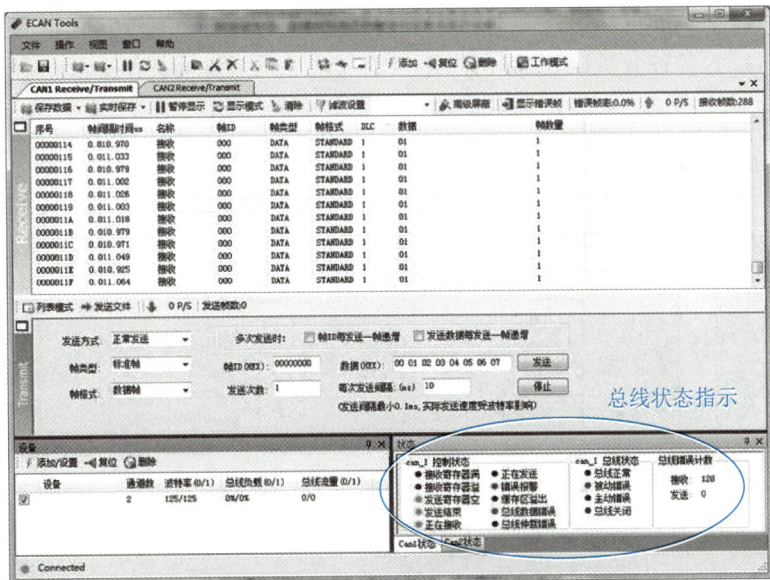

图 1.2-25　ECANTools 软件操作界面

⑦ 如果 CAN 设备需要手动发送指令，可以在打开软件之后点击"发送"，如图 1.2-26 所示。显示"发送成功"说明波特率（即单位时间内传输的位数，这个数值决定了通信速率的快慢）、终端电阻等通信参数设置正确，显示"发送失败"说明通信未成功，需从多方面考虑影响通信的因素。

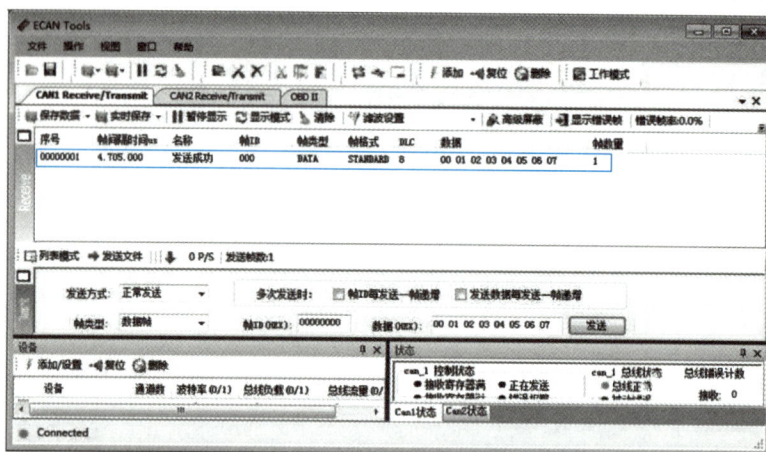

图 1.2-26　ECANTools 软件手动发送指令

二、LIN 总线网络

微课：LIN 总线网络

车载 LIN（local interconnect network，局域互联网络）总线主要是为了解决汽车中低成本且对数据传输速率要求不高的各个 ECU 模块间的通信问题，如门、车窗等 ECU 间的通信。LIN 也从最初的 LIN1.1 版本发展到现在的 LIN2.2 版本。

1.LIN 总线定义

动画：车载 LIN
网络的概念

在进行 LIN 开发时，其核心是 LDF 文件，LDF 定义了网络的所有属性，通过这些属性可以自动生成用于通信的软件组件并集成到微控制器。此外，LDF 可以为各种分析、测量和测试工具或残余总线仿真器提供必要信息。

LIN 是典型的主从网络结构，即控制总线访问的主节点（master node）始终只有一个，而发送和接收信息的从节点（slave node）则有多个。在 LIN 中，物理信号的传输仅需一根导线，即单线（single wire）。为将电磁辐射保持在限制范围内，LIN 的传输速率限制为 20 kbit/s；另一个限制是推荐的最大节点数 16。LIN 总线结构如图 1.2-27 所示。

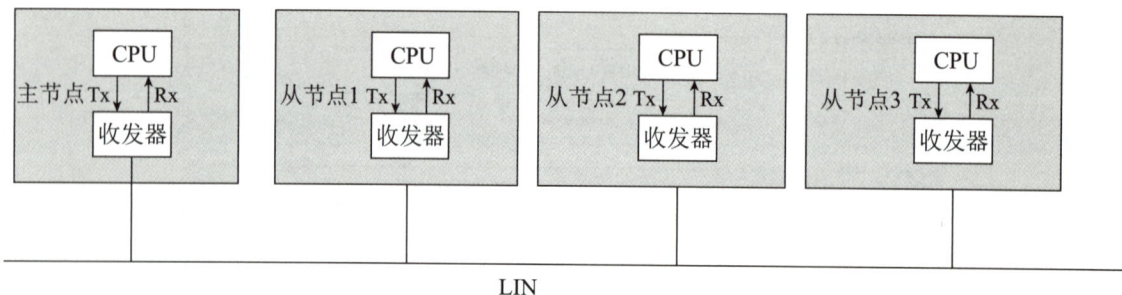

图 1.2-27　LIN 总线结构

2.LIN 总线通信原理

LIN 中的通信基于主从结构,即有一个节点作为主节点,控制着各从节点之间的所有通信。其通信的实现过程为:从节点仅在主节点发出请求时才会发送信息;主节点在总线上发送请求(帧头,header),然后相应的从节点给出对应的请求(响应,response)。请求和响应组合在一起称为帧(frame)。

由于主节点授权网络中的响应发送权限,因此总线访问方式称为授权令牌。其优势在于通信无冲突,也意味着可以实现可预测的数据传输。这是因为对于主节点的单个请求都有其对应的响应,这样就可以确定发送方案。因此,授权令牌方法是确定性总线访问方式。LIN 的调度表中定义了包括 ID、传送的顺序及传送的时间间隔等信息。主节点根据此调度表控制整个LIN 的通信。

学习活动 3　新能源汽车高压系统认知

一、高压系统的结构及工作原理

新能源汽车高压系统主要由驱动系统、空调及加热系统、充电系统、电源系统四部分组成,其中包括动力电池、高压配电箱(高压控制盒)、电机控制器、车载充电机、高压线束等部件,如图 1.3-1 所示。

微课:新能源汽车
高压系统认知

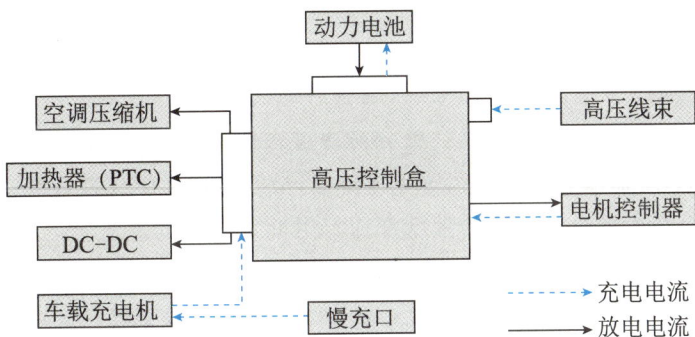

图 1.3-1　高压系统的结构图

在工作过程中,动力电池通过电控系统(高压控制盒)将存储的化学能转化为电能,然后通过高压线路传输到电机。电机接收到电能后,通过转子和定子的相互作用,将电能转化为机械能,从而驱动车辆运动。同时,电控系统会根据车辆的行驶状态和驾驶需求,对动力电池进行充电或放电控制,以保持高压系统的稳定工作。

二、高压操作注意事项

使用新能源汽车时,操作高压系统需要注意以下几点:

① 高压系统是新能源汽车的重要组成部分,涉及高电压和高能量的工作环境。在操作过程

中,必须严格遵守相关安全规定,佩戴个人防护装备,确保人身安全。

② 非专业人士禁止拆卸高压系统的任何部件。如果需要进行维修或检查,必须由经过培训的专业人员进行操作。

③ 高压线路和连接器必须保持完好,避免受损或磨损。避免高压线路与金属、水或其他导电物质接触,以免发生短路事故。

④ 严禁超负荷使用高压系统。在充电时,必须使用合适的充电设备,并遵守充电指南。在行驶过程中,避免长时间高速行驶或爬坡等情况,以减少高压系统的负荷。

⑤ 高压系统工作过程中会产生热量,因此需要保持良好的散热条件。避免在高温环境下长时间停车,避免过度连续使用高功率设备,以防止高压系统过热。

⑥ 定期检查高压系统的各个部件,包括动力电池、电控系统、电机和高压线路等。确保其工作正常,如发现异常情况,应及时维修或更换。

⑦ 避免直接接触高压线路或连接器。避免在潮湿或有水的环境中操作高压系统,以防止电击事故的发生。最重要的是,使用新能源汽车前要充分了解和掌握高压系统的操作原理和注意事项,遵守相关规定,确保安全使用。如有任何疑问或问题,应咨询专业人员或厂家。

三、高压触电原理及防护方法

新能源汽车高压触电是指人体接触到高压线路或高压部件导致电流通过人体,造成触电伤害甚至危及生命的现象。

当人体接触到带有高电压的导体,例如高压线路或高压部件时,人体便会成为电流的导体,电流通过人体的组织和器官,以最短的路径流过。而人体对电流的阻抗主要取决于身体的电阻和电流的路径。人体的电阻会受到如皮肤的湿度、皮肤的损伤、接触面积等多种因素的影响。当人体接触到高电压时,如果电阻较低,电流就会更容易通过人体,造成触电伤害。通常情况下,电流会在接触点进入人体,通过血液、神经、肌肉等导体传播,最终返回地面或者其他接地点。

触电伤害的严重程度取决于电流的强度和通行时间。较高的电流会产生更多的热量和更大的电化学反应,对人体组织造成更严重的伤害。长时间的电流通行也会增加伤害的程度。

因此,为了避免触电伤害,使用新能源汽车时需要遵循相关安全操作规定,避免接触高压线路和高压部件,佩戴个人防护装备,确保安全使用。同时,如果发现触电事故发生,应立即断开电源,并寻求专业医疗救助。

学习活动 4 四轮定位参数对车辆行驶状态的影响

汽车的四个车轮有严格的定位参数,车辆在出厂之前都要进行四轮定位参数调整,以确保车辆上路后能够正常行驶,不会跑偏。但在车辆行驶过程中,悬架和转向系统各个部件的磨损或松动,可能会导致四轮定位参数偏离规范值,从而使车辆跑偏。所以四轮定位对于车辆安全行驶是非常重要的。

一、前束对汽车的影响

前束的作用是为了消除因车轮外倾使车轮产生滚动伴随滑动从而引起的车轮磨损。在前轮驱动的汽车中,前驱动轴的驱动力有使前轮增大前束的趋势,因此汽车制造厂商通常在这类车辆的前轮上设定较小的负前束。

微课:前束和外倾角对汽车的影响

在后轮驱动的汽车中,路表面的前轮摩擦使汽车在行驶时车轮趋向负前束的位置,在这类车中制造厂商通常在前轮上设置有较小的前束。车辆在停放时将前轮调节为小的前束或负前束。这样行驶时,车辆将变为平行,转向杆系总是有微小的横向运动。在行驶时,作用在前轮上的力将趋向于压缩或拉伸转向杆件,至于是拉伸还是压缩取决于转向杆系是在前方还是在后方。

不正确的前束调节将导致车轮胎磨损加剧并出现轮胎失效、撞车事故及人员受伤。过大的负前束导致胎面凸起的内侧磨损及外侧形成锐利的羽毛状边缘。如果出现过大的前束,胎面的磨损状况刚好相反。

磨损的转向杆系会使前束设置不正确及不稳定。如果前悬架弹簧减弱,前悬架高度将降低,这时转向摇臂及摇杆随底盘向下移动,使转向横杆移到一个更加水平的位置并趋向于使梯形臂向外移动,从而减少前轮前束。

后轮前束调整不当会使推力线离开几何中心线,从而产生转向拉力及胎面磨损。如果左后轮负前束过大,推力线会移向几何中心线左侧,转向拉力就向右;而当推力线移向几何中心线右侧时,转向拉力则向左。

二、外倾角对汽车的影响

外倾的作用是使转向操纵轻便,同时抵消弹性变形可能产生的车轮内倾,还可以在轮毂上产生向内的轴向力,从而减轻外轴承和锁紧螺母的负荷。车辆在急转弯时,离心力促使车辆向转向圆外侧移动,在这种情况下车辆较多的重量转移到转向外侧的车轮上,因而弯道外侧的前悬架受压向下移而内侧向上提高。这时,内侧轮的正外倾角减少而轮内边缘得以与路面较好地接触以阻止侧向打滑,同时,外侧车轮向正外倾角更大的方向倾斜,使车轮外缘得以与路面较好地附着以阻止侧滑,但经常高速转向易使胎冠边缘磨损。外倾角可视为轮胎磨损的定位角度之一。当前轮椅制造厂商规定的外倾角调好之后,在正常驾驶情况下,前轮将保持或接近 0°外倾角位置。因此这兼顾了胎冠最大限度的寿命及方向稳定性。

如果前轮外倾角过大,车轮过于向外倾斜,车辆的重量集中在轮胎外缘,在这种情况下,车轮的外缘直径比内缘的小,因此外缘、内缘在走同样的距离时,前者要走得快。由于它们在同一只轮胎上,因此在转动时外缘必须与路面产生滑动磨损。过大的负外倾角情况则相反。因此,正确的外倾角调整对保证正常的轮胎寿命是极为重要的。

同时,如果左右调整不当,可能会导致转向拉力严重影响安全。拱形路面会导致车辆受到向右的转向拉力,有些汽车制造厂商利用外倾角对转向的影响来抵消这种由拱形路面引起的向右的

转向拉力。在这些汽车中,左前轮的外倾角会比右前轮多 $0.25°\sim0.5°$。如果左右外倾角调节用以抵消拱形路面的影响,两只前轮的主销后倾角必须相同。

三、主销后倾角对汽车的影响

微课:主销后倾角和主销内倾角对汽车的影响

　　主销后倾角的作用是能产生自动正力矩,使汽车能够保持直线行驶。正的主销后倾角将车辆的重量投射在车辆中心线的前方,而负的主销后倾角将车辆的重量投射在车辆中心线的后方。由于正的主销后倾角在销轴点后方产生较大的接触面积,这个较大的接触面积趋向于跟随在销轴点,从而使车轮转向后趋向于回正到直线行驶的位置,并有助于保持直线行驶状态。正的主销后倾角需要较大的转向力,因为须克服转向时轮胎保持直线行驶的趋势,回正的力是与主销后倾角成正比的。正的主销后倾角有助于保持车辆方向的稳定性。过大的正的主销后倾角也是不适合的,它将增加转向力,而且使转向盘回正过快。

　　正的主销后倾角的影响有以下几点:

① 正的主销后倾角能改善车辆方向的稳定性;

② 正的主销后倾角有助于前轮在转向后回到直线行驶的位置;

③ 过大的主销后倾角导致行驶不平顺;

④ 过大的主销后倾角加剧前轮的摆振;

⑤ 左前轮可以调节以比右前轮有较小的主销后倾角,从而补偿拱形路面的影响。

　　负的主销后倾角的影响有以下几点:

① 负的主销后倾角无助于在转向后使前轮回正到中心位置;

② 负的主销后倾角导致方向失稳并减弱对方向的控制;

③ 负的主销后倾角消除了前轮的摆振;

④ 负的主销后倾角消除了传到悬架与底盘的路面冲击。

四、主销内倾角对汽车的影响

　　主销内倾角的作用是转向时,车轮因被抬起一个高度,在重力作用下转向轮将回复到中间直线行驶的位置,从而起到自动回正的作用,同时因力臂缩短使转向操作轻便。当转向轴线向车辆中心线倾斜并且车轮处在直线行驶位置时,转向节的高度距离底盘更近。

　　重力的作用使得车辆的高度被降低,当前轮转向时,每只转向节沿一条弧线运动,促使轮胎压进地面,显然这是不可能发生的,所以此时底盘被抬高。当完成转向,转向盘回正时,车辆在重力作用下有降低到最低处的趋势。因此,转向轴销内倾角有助于将车轮在转向后回到直线行驶位置。当前悬架左右侧的转向轴线内倾角不相等时,会出现严重的操纵问题。这些问题包括在急加速时的力矩致生偏向、急刹车的转向拉力及冲击转向。力矩致生偏向是指在前轮驱动车辆急加速时左右驱动轴长度不相等引起的驶向侧面的趋势。冲击转向是指在悬架上跳回弹时前束或外倾角不相等,使车轮突然转向一侧。

课程总结

　　本学习任务主要围绕线控底盘的数据读取与分析展开讲述。通过学习,学生将深入了解线控底盘的基础知识、车载网络通信的技术及相应的高压操作防护措施。此外,学生还将学习接收 CAN 报文,掌握不同报文的解析方法,并理解四轮定位参数对车辆行驶状态的影响。本课程内容涵盖线控底盘数据读取与分析的基础学习要领,目的在于帮助学生更好地理解新能源汽车的线控底盘功能。

课堂小测

一、单选题

1.线控底盘的特点不包括(　　　)。

A.降噪减振　　　　　B.结构合理,轻量化　　　　C.制造维护简单快捷　　　D.能耗极低

2.线控底盘系统的核心组成部分包括(　　　)。

A.线控转向系统、线控制动系统、线控驱动系统

B.线控转向系统、线控悬挂系统、线控驱动系统

C.线控转向系统、线控制动系统、传统驱动系统

D.线控转向系统、线控制动系统、线控悬挂系统

3.底盘系统的主要控制单元包括(　　　)。

A.转向系统 ECU、制动系统 ECU 和驱动电机控制单元(MCU)

B.转向系统 ECU、悬挂系统 ECU 和驱动电机控制单元(MCU)

C.制动系统 ECU、悬挂系统 ECU 和传统驱动系统

D.转向系统 ECU、制动系统 ECU 和传统驱动系统

4.在线控转向系统中,用于测量转向盘的转矩和转角的传感器是(　　　　)。

A.速度传感器和位置传感器　　　　　　B.转矩传感器和转角传感器

C.加速度传感器和温度传感器　　　　　D.位置传感器和压力传感器

5.新能源汽车高压系统的组成部分不包括(　　　)。

A.驱动系统　　　　　B.空调及加热系统　　　　　C.充电系统　　　　　　D.通信系统

二、多选题

1.以下关于新能源汽车工作过程的说法正确的是(　　　)。

A.电池组将化学能转化为电能

B.电能通过高压线路传输到电机

C.电机将电能转化为热能

D.电机通过转子和定子的相互作用驱动车辆运动

2.关于车载网络通信技术,以下描述正确的是(　　　)。

A.车载网络通信技术主要包括 CAN 总线和 LIN 总线

B. CAN 总线是一种仅在豪华汽车中使用的通信协议

C. CAN 总线具有高可靠性、实时性和高带宽的特点

D. LIN 总线比 CAN 总线具有更高的通信带宽

三、判断题

1. 车载局域互联网络(LIN)总线主要用于解决汽车中高成本且对数据传输速率要求高的 ECU 模块间的通信问题。(   )

2. 在进行 LIN 网络开发时,LDF 文件不是核心,它仅用于定义网络的部分属性。(   )

3. 在 LIN 网络中,从节点可以在任何时间主动发送信息,而不需要等待主节点的请求。(   )

4. 在前轮驱动的汽车中,为了消除车轮外倾引起的磨损,汽车制造厂商通常会在前轮上设定较小的负前束。(   )

四、填空题

1. 主销后倾角的作用是能产生_____,使汽车能够保持直线行驶中的主销后倾角将车辆的重量投射在车辆中心线的_____。

2. 线控制动系统负责掌控底盘_____和_____。

3. 在自动驾驶模式下,计算平台接收各环境感知传感器发送的数据,并对数据进行计算后,通过 CAN 总线发送给_____。

4. 新能源汽车高压触电是指人体接触到_____或_____导致电流通过人体,造成触电伤害甚至危及生命的现象。

学习任务 2
车辆直行跑偏故障维修

学习目标

1. 能认知线控转向系统的功能分类、结构及工作原理；
2. 能概述线控转向系统的特点；
3. 能理解线控转向系统的验收标准；
4. 能进行线控转向系统的调试操作；
5. 能认知线控转向系统的通信原理；
6. 能进行线控转向系统的电路图分析；
7. 能解释线控转系统部件接插器的针脚定义；
8. 能进行线控转向系统的故障检修操作。

建议课时:58 课时

学习要求

序　号	学习活动	学习内容	学　时
1	线控转向系统认知	线控转向系统的功能与分类	34
		线控转向系统的结构与工作原理	
		线控转向系统的特点	
		线控转向系统的验收标准	
2	线控转向系统调试	线控转向系统的通信原理	12
3	线控转向系统故障检修	线控转向系统电路图分析	12
		线控转向系统部件插接器针脚定义	

学习活动 1　线控转向系统认知

一、线控转向系统的功能与分类

微课:线控转向
系统功能与分类

线控转向系统(steering-by-wire,SBW)是一种利用电力辅助来实现转向的汽车转向系统。传统的液压助力转向系统使用液压泵和液压缸来提供转向辅助力,而线控转向系统则利用电动机和传感器来实现转向辅助。

1.转向系统的功能

线控转向系统通过提供和调整转向辅助力,优化了转向操控性能,提升了驾驶舒适性,并提供防止转向过度和自动回正等功能,大大改善了驾驶体验和提高了安全性。

① 转向辅助:线控转向系统能够通过电动机施加转向辅助力,减轻驾驶员在转向时需要施加的力量。这使得驾驶更加轻松和舒适,尤其在低速行驶和停车时更为明显。

② 优化转向操控性能:线控转向系统可以根据驾驶条件的变化自动调整转向辅助力的大小和特性,以提供更好的操控性能。例如,在高速行驶时可以提供较小的转向辅助力,以增加稳定性和驾驶的可控性。

③ 提升舒适性:线控转向系统可以根据驾驶员的转向意图和驾驶条件的变化,提供平滑且精确的转向感觉,从而提升驾驶的舒适性。

④ 防止转向过度:线控转向系统可以通过感知驾驶员的转向意图,并根据实际转向角度的变化,自动调整转向辅助力的大小,以避免转向过度和失控。

⑤ 自动回正:线控转向系统可以在驾驶员释放方向盘时,自动回正方向盘,使车辆保持直线行驶。

2.转向系统的分类

目前能适应智能网联汽车转向系统要求的主要有电动助力转向系统(EPS)和线控转向系统(SBW)。

(1)电动助力转向系统(EPS)

电动助力转向系统的结构如图 2.1-1 所示。在转向盘转动时,转矩传感器将转动信号传到控制单元,控制单元通过计算并控制转向电机输出合适的转速和转矩,再经减速机构降低转速、增大转矩后推动转向拉杆,提供转向助力。

电动助力转向系统的主要优点是设计和构造简便,助力与发动机转速无关,能够让转向盘在低速时更轻盈、高速时更稳定。缺点则是需要长期保留机械装置,以保证冗余度,否则电子设备失效时容易造成不良后果。

此外,根据辅助电机的位置不同,电动助力转向系统又分为 3 种形式,分别是柱辅助型(C-EPS)、齿轮辅助型(P-EPS)和齿条辅助型(R-EPS)。

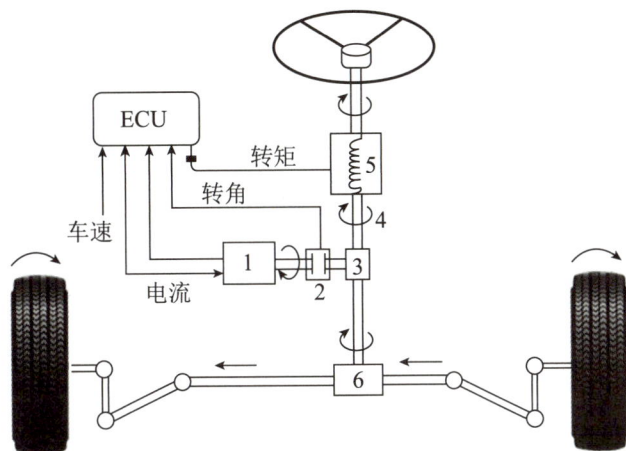

1—电机;2—离合器;3—减速机构;4—转向轴;5—转矩传感器;6—齿轮齿条转向器

图 2.1-1　电动助力转向系统(EPS)的结构

① 柱辅助型(C-EPS):C-EPS 的助力电机安装于转向管柱上,在转向管柱下面连接的是一个机械式的转向机,电机助力转矩作用于转向管柱上,如图 2.1-2 所示。C-EPS 的优点是结构紧凑,其电机、减速机构、传感器及控制器等为一体化设计,布置在驾驶舱内,工作环境较好,不占用发动机舱的空间,方便发动机舱布置,成本较低。缺点是驱动电机的助力要通过转向管柱和转向齿轮传递到转向机上,转向管柱部件受力较大,可提供的助力的大小受到限制。另外,由于电机和减速机构布置在驾驶舱内,更容易引起驾驶舱内噪声;由于减速机构等安装在转向盘上,不利于转向轴的吸能结构设计。因此,C-EPS 仅适用于中小型乘用车。

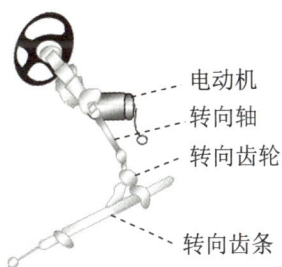

图 2.1-2　柱辅助型

图 2.1-3　齿轮辅助型

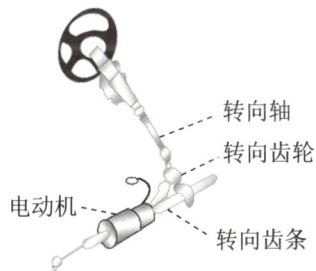

图 2.1-4　齿条辅助型

② 齿轮辅助型(P-EPS):P-EPS 助力电机和减速机构布置在转向齿轮上,驱动电机的输出力矩通过蜗轮蜗杆减速机构传递到转向齿轮上,如图 2.1-3 所示。P-EPS 助力转矩直接作用于转向齿轮上,因此可以提供较大的转向助力,助力效果较为迅速准确。助力电机和减速机构布置在发动机舱内,有利于降低驾驶舱噪声水平。缺点是其电机和传感器等部件安装在发动机舱,器件的耐热与防水等要求使其对使用环境要求高,成本较高。因此,P-EPS 适用于需求助力较大的中型乘用车。

③ 齿条辅助型(R-EPS):R-EPS 助力电机和减速机构布置在转向齿条上,电机助力转矩作用于转向齿条上,如图 2.1-4 所示。R-EPS 助力转矩直接作用于转向齿条上,因此可以提供更大的

转向助力,助力效果也最为迅速准确。助力电机和减速机构布置在发动机舱内,有利于降低驾驶舱噪声水平。R-EPS的缺点是其电机和传感器等部件安装在发动机舱内,器件的耐热与防水等要求使其对使用环境要求高,成本较高。因此,R-EPS适用于需求助力较大的大中型乘用车。

(2)线控转向系统(SBW)

线控转向系统(SBW)的结构如图2.1-5所示,它使用传感器获得转向盘旋转角数据,ECU将参数折算为具体的驱动力数据,用电机推动转向机转动车轮。

线控转向系统摆脱了传统转向的各种限制,不但可以影响汽车转向的力传递特性,而且可以设计汽车转向的角传递特性,给汽车的转向特性设计带来更大的可发挥空间,更方便与自动驾驶系统的其他子系统(如感知、动力、底盘等)实现集成,在改善汽车主动安全性能、驾驶特性、操纵性及驾驶人路感方面具有优势,是智能网联汽车实现路径跟踪与避障、避险所必需的关键技术。

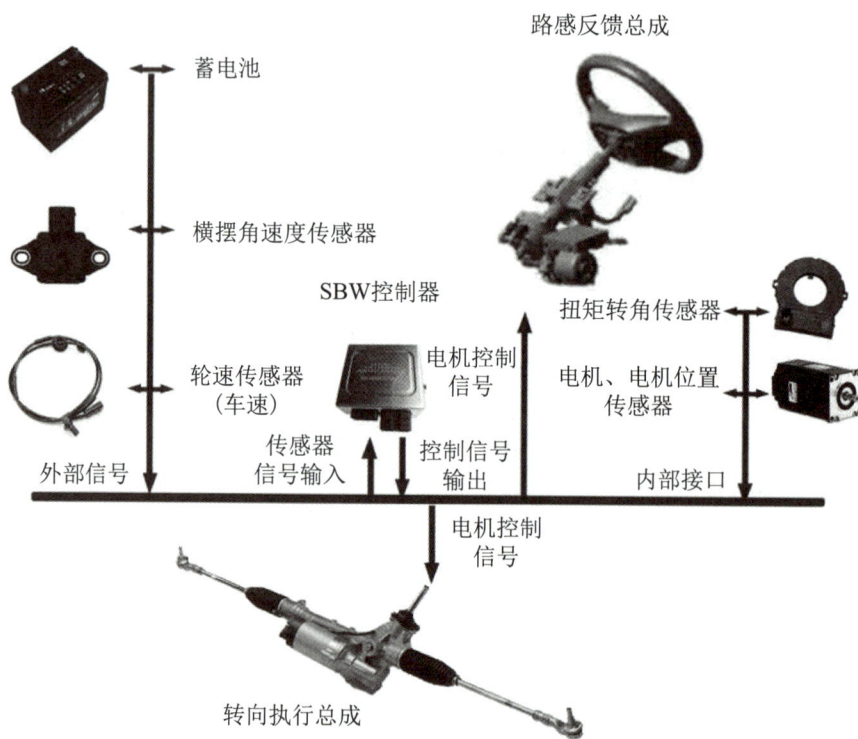

图 2.1-5　线控转向系统(SBW)的结构

二、线控转向系统的结构与工作原理

1.电动助力转向系统(EPS)

(1)结构

EPS由检测驾驶人的转向转矩的转矩传感器、根据转矩信号计算助力转矩并控制电机驱动的电子控制单元(ECU)、产生助力的电机、使电机驱动力传递至转向机构的减速器等组成,如图2.1-6所示。

微课:线控转向的
结构与工作原理

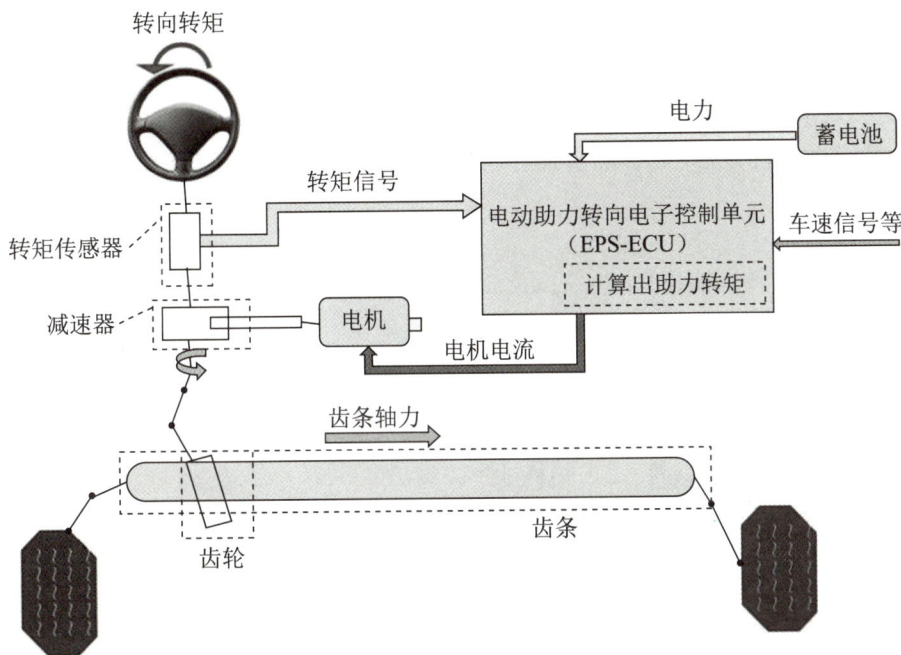

图 2.1-6　电动助力转向系统(EPS)结构

（2）工作原理

如图 2.1-6 所示,汽车在转向时,转矩传感器会检测到转向盘的转矩和转动方向,这些信号通过信号线发给电动助力转向电子控制单元,电动助力转向电子控制单元根据转矩、转动方向等数据信号,向电机控制器发出动作指令,电机就会根据具体的需要输出相应大小的转动力矩,从而产生助力转向。

2.线控转向系统(SBW)

线控转向系统主要由转向盘模块、转向执行模块、主控制器(ECU)三个主要部分,以及自动防故障系统、电源等辅助系统组成,如图 2.1-7 所示。

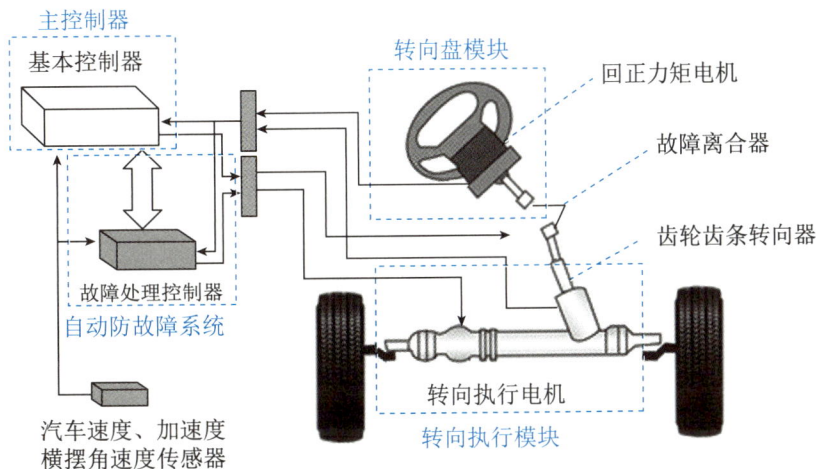

图 2.1-7　线控转向系统(SBW)结构

（1）转向执行模块

前轮转向模块包括前轮位移传感器、转向执行电机、前轮转向组件等。它的功能是将测得的前轮转角信号反馈给主控制器即 SBW 控制器（ECU），并接收主控制器的命令，控制转向执行电机完成所要求的前轮转角，人工驾驶模式时，实现驾驶人的转向意图。具体模块结构如图 2.1-8 所示。

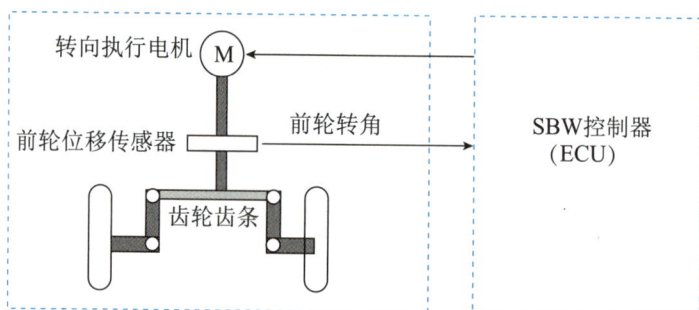

图 2.1-8　前轮转向模块结构

（2）主控制器

主控制器对采集的信号进行分析处理，判别汽车的运动状态，向转向盘路感电机和转向执行电机发送命令，控制两个电机协调工作。人工驾驶模式时，主控制器还可以对驾驶人的操作指令进行识别，判定在当前状态下驾驶人的转向操作是否合理。当汽车处于非稳定状态或驾驶人发出错误指令时，前轮线控转向系统将自动进行稳定控制或将驾驶人错误的转向操作屏蔽，以合理的方式自动驾驶车辆，使汽车尽快恢复到稳定状态。

（3）转向盘模块

转向盘模块包括转向盘组件、转角传感器、转矩传感器、路感电机。人工驾驶模式时，其主要功能是将驾驶人的转向意图（通过测量转向盘转角）转换成数字信号，并传递给主控制器，同时主控制器向路感电机发送控制信号，产生转向盘的反馈力矩，以提供给驾驶人相应的路感信息。具体模块结构如图 2.1-9 所示。

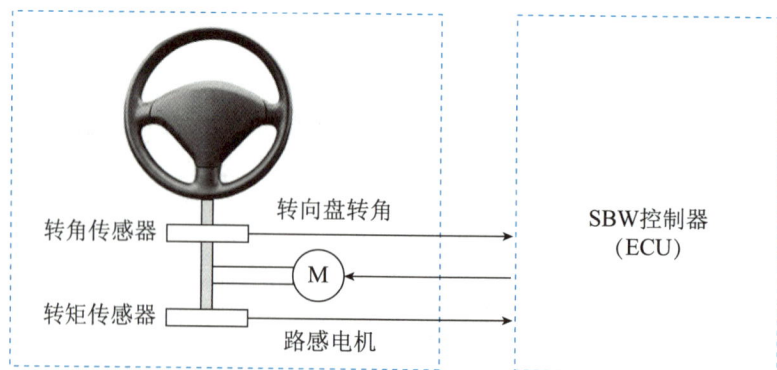

图 2.1-9　转向盘模块结构

通常方向盘的转角传感器与转矩传感器是封装在一起的，如图 2.1-10 所示。

图 2.1-10　转角传感器与转矩传感器结构

小贴士

1. 转角传感器的结构与工作原理

第一种转角传感器是基于光码盘的，即传感器里面有一个挖了很多空槽的空心圆盘，如图 2.1-11 所示。其工作原理是在光码盘上方某个固定位置装上小 LED 灯，下方装上感光元件。方向盘转动带动光码盘转动，转到空槽时感光元件接收到光照，产生电信号（高电平）；没转到空槽就不产生电信号（低电平）。因此只要数一数产生的电信号的个数，再结合光码盘的尺寸参数，就知道方向盘转了多少度。

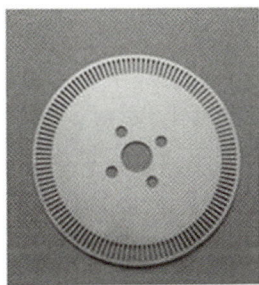

图 2.1-11　光码盘转角传感器

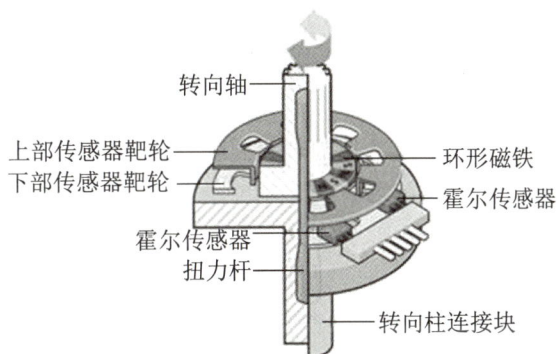

图 2.1-12　霍尔效应转角传感器

第二种转角传感器是基于磁铁的（霍尔效应），与连杆相连的圆盘上没有空槽，而是有交替排列的磁极。在圆盘下方某个固定位置（图 2.1-12 中霍尔传感器处）产生一个电场。由于电场中的带电粒子在磁场作用下要发生偏转，于是在电场的垂直方向产生电压（霍尔电压）。霍尔电压的极性与磁场方向有关。方向盘转动带动圆盘上的磁极转动，数一数霍尔电压极性翻转了多少次也能计算出方向盘转了多少度。如图 2.1-12 所示。

2. 转矩传感器的结构与工作原理

（1）结构

转矩传感器由扭杆和转矩传感器总成两部分组成，转矩传感器总成包括转矩传感器上半部分、下半部分和解析器。方向盘转动时，扭杆与转矩传感器的上半部分和下半部分存在一个相对偏转角，转矩传感器通过检测相对转角来测量方向盘力矩。如图 2.1-13 所示。

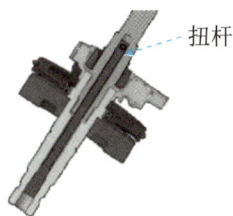

图 2.1-13　转矩传感器的结构

按照对比信号的不同,转矩传感器可分为单副齿轮式和双副齿轮式两种。单副齿轮式(图 2.1-14)是在转矩传感器主齿轮旁增加一个副齿轮,主副齿轮输出的角度信号经 MCU 处理后获取一组绝对位置角度信号。双副齿轮式[图 2.1-15(a)]是在转矩传感器主齿轮旁增加一组副齿轮,两个副齿轮输出的角度信号经 MCU 处理后获取一组绝对位置角度信号。

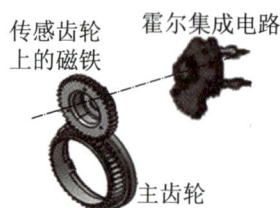

图 2.1-14　单副齿轮式结构

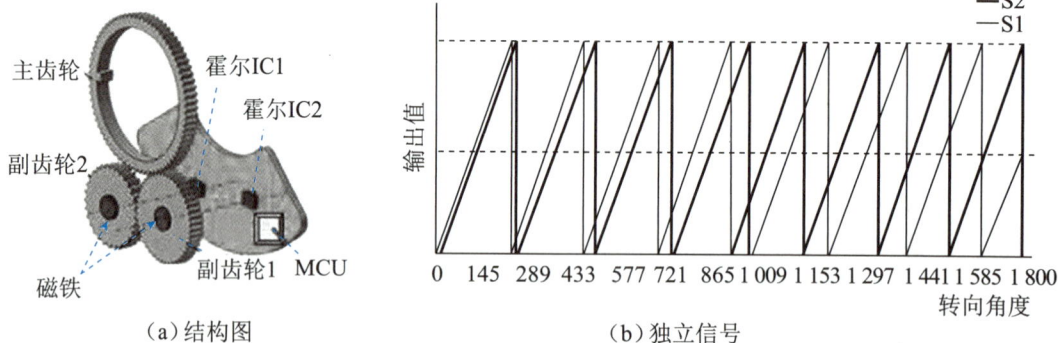

（a）结构图　　　　　　　　（b）独立信号

图 2.1-15　双副齿轮式转矩传感器结构及独立信号

（2）工作原理

转矩传感器通过霍尔效应在导体的两端产生电势差,主要由定子分总成、转子分总成、上端盖、下端盖、集磁极、霍尔 IC 组成。转子由多级磁铁组成,固定在输入轴上,主要作用是提供磁场。定子上装有磁轭(磁导率比较高的金属材料),固定在下端盖上,下端盖与壳体固定。当方向盘向左转动时,传感器扭杆发生扭转变形,导致转子和定子发生转动,使得上下磁轭与多级磁铁发生错动,磁通量从 N 极至 S 极,霍尔 IC 接收到磁通。如果转子与定子发生反方向相对位移,霍尔 IC 也接收反向的磁通。磁通的变化经过霍尔 IC 转换为相应的电压变化,从而测量出相应的扭矩大小和方向。如图 2.1-16 所示。

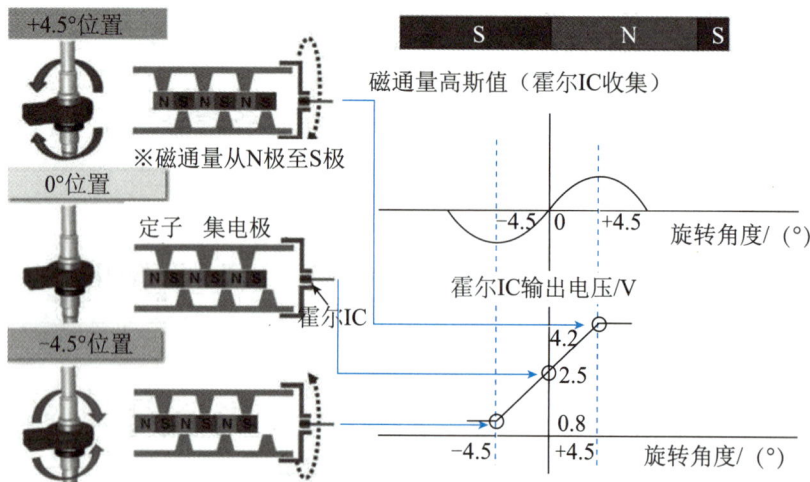

图 2.1-16　转矩传感器的工作原理

（4）自动防故障系统

自动防故障系统是线控转向系统的重要模块，包括一系列的监控和实施算法，针对不同的故障形式和故障等级做出相应的处理，以求最大限度地保证汽车的正常行驶。线控转向技术采用严密的故障检测和处理逻辑，以最大限度地提高汽车的安全性能。

（5）电源系统

电源系统承担着控制器、两个执行电机及其他车用电器的供电任务，其中仅前轮转角执行电机的最大功率就有 800 W，加上汽车上的其他电子设备，电源的负担已经相当沉重。所以要保证电网在大负荷下稳定工作，电源的性能就显得十分重要。

其中线控转向系统关键部件的功用如下：

① 转矩传感器的功用是测量驾驶人作用在转向盘上的力矩的大小和方向。

② 转角传感器的功用是测量驾驶人作用在转向盘上的转角的大小和方向。

③ 路感电机的功用是根据 ECU 的指令输出适当的转矩，模拟、产生转向盘的反馈力矩，以提供给驾驶人相应的路感信息。

④ 转向执行电机的功用是根据 ECU 的指令控制转向电机，实现转向轮的转角。

⑤ ECU 是线控转向系统中最关键的部分，决定着线控转向系统的控制效果，包括输入处理电路、微处理器、输出电路和电源电路等，对各类传感器所采集的信号进行分析处理，然后向路感电机和转向执行电机发出指令，对两个电机电压或电流进行实时控制，以实现线控转向功能。

线控转向系统的工作原理如图 2.1-17 所示。人工驾驶模式时，当转向盘转动时，转矩传感器和转角传感器将测量到的转向盘转矩和转向盘转角转变成电信号输入 ECU，ECU 控制转向执行电机的旋转方向、转矩大小和旋转角度，通过机械转向装置控制转向轮的转向位置，使汽车沿着驾驶人所期望的轨迹行驶。同时，汽车行驶的转速、转角等信息，通过位移传感器转换成电信号反馈给 ECU，进而驱动路感电机，反馈给驾驶人一定的转向盘力矩，来模拟路感。

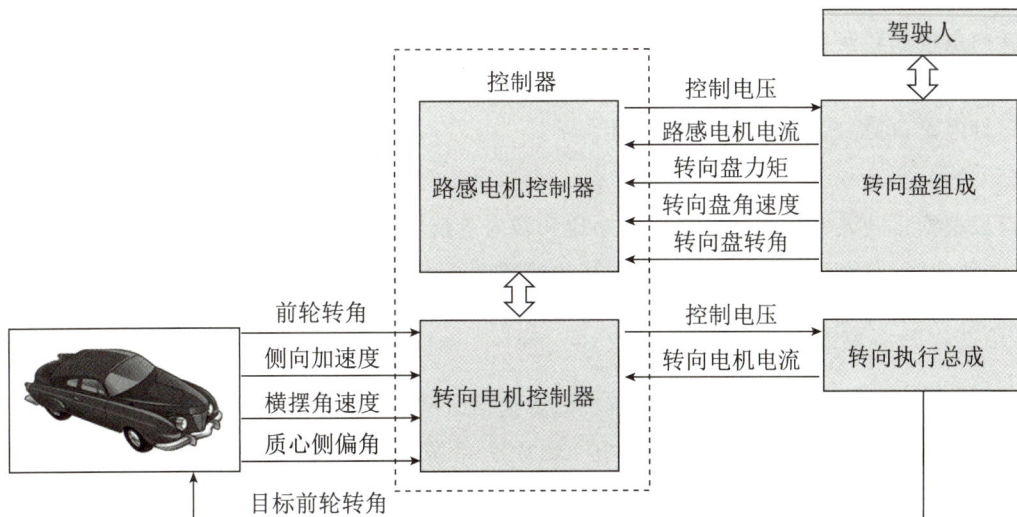

图 2.1-17　线控转向系统的工作原理

自动驾驶模式时,驾驶人转动转向盘的人工驾驶操作,将变为计算平台向 VCU 发送转向意图的自动驾驶操作,即计算平台根据接收到的环境感知传感器的信号、预置的行驶轨迹等,判断汽车的行驶方向,通过 CAN 总线发送给 VCU,VCU 经计算再通过 CAN 总线发送给线控转向系统ECU,进而控制汽车进行转向。

三、线控转向系统的特点

微课:线控转向
系统特点

线控转向系统中的转向盘和转向轮之间没有机械连接,二者是断开的,通过总线传输必要的信息具有如下优点:

（1）安全

线控转向系统去除了转向柱等机械连接,避免了撞车事故中转向柱对驾驶人的伤害;智能化的 ECU 根据汽车的行驶状态判断驾驶人的操作是否合理,并做出相应的调整。当汽车处于极限工况时,能够自动对汽车进行稳定控制。

（2）舒适

驾驶人的腿部活动空间和汽车底盘的空间明显增大。

（3）经济

线控转向系统去除转向柱等机械连接,减轻了转向机械结构约 5 kg 的质量,降低了汽车零部件的制造成本,改善了整车功耗。

（4）控制系统一体化

通过控制器和汽车总线的连接,可以实现汽车动态控制系统和汽车平顺性控制系统,以及其他控制单元通信联系,为集成控制一体化提供了条件。

（5）操纵稳定性能好

线控转向系统改善了传统汽车所不能解决的汽车转向过程中转向力和转向响应时间的矛盾,使得转向系统和转向盘能同步工作,控制更加灵敏;具有变传动比特点的线控转向系统,改掉了传统的转向角传动比的固定所带来的转向特性随着汽车行驶姿态的不同而变化的缺点;通过优化控制稳定性因素,可提高整车的操纵稳定性。

（6）设置个性化

可以根据驾驶人的要求设置转向传动比和转向盘反馈力矩,以满足不同年龄阶段的驾驶人的要求,并适应不同的驾驶环境以及与转向相关的驾驶行为,这些都可以通过软件来设置与实现。

四、线控转向系统的验收标准

微课:线控转向
系统的验收标准

1.线控转向控制系统总体要求

① 转向系统是一个一级安全系统,驾驶人的操作不允许有任何错误的执行,转向系统也要给驾驶人在行驶过程中一个正确的信息反馈,同时,也形成了一个人-车-环境的闭环系统。

② 在电控转向系统中,增加了转向执行电机,来提供转向的动力源,驱动转

向车轮按照驾驶人意图运动,使驾驶人可以轻松地完成转向动作;相应地,作为控制依据,在转向系统中还需要增加各种传感器,在转向盘模块中,增加了转角传感器、转矩传感器,用于检测转向盘的转角和转矩。

2.原地快速转向性能测试

原地快速转向性能测试,主要是为了考察电控转向系统完成原地转向的灵敏度和精确度,为了测试线控转向系统在需要急速转动转向盘的时候,所需转向盘转角和力矩的大小,同时也考察线控转向系统在自动泊车时转向盘转角的吻合度和轻便性。

3.稳态转向特性测试

汽车的稳态转向特性分为三种类型:不足转向、中性转向和过多转向。操纵稳定性良好的汽车应具有适度的不足转向特性。一般汽车不应具有过多转向特性,也不应具有中性转向特性,因为中性转向汽车在使用条件变动时,有可能转变为过多转向。常用定转向盘转角连续加速法、定转弯半径法来进行稳态转向特性测试。

4.转向盘转角阶跃性能测试

转向盘转角阶跃性能测试是为了检测转向系统瞬间响应特性。依据《汽车操纵稳定性试验方法》(GB/T 6323—2014),进行转向瞬态响应试验(转向盘转角阶跃输入)。转向盘转角阶跃输入试验也称为瞬态横摆响应试验,主要用来测定汽车对转向盘转角输入时的瞬态响应。汽车在转向盘转角阶跃输入下将从一个稳态过渡到另一个稳态。两个稳态之间的响应称为汽车的瞬态响应。汽车开始以一定的车速直线行驶,一段时间后突然以最快的速度转动转向盘至预先确定的转向角,并保持转向盘转角不变、节气门开度不变,使汽车进入圆周运动。记录汽车的车速、时间、转向盘转角、横摆角速度和侧向加速度等参数。通常以横摆角速度响应来评价汽车的特性。

① 超调量是指响应曲线的最大峰值稳态值的差,如表 2.1-1 所示,转向系统原地转向超调量范围为 0%～25%。大转角、大转速时,超调量相对较小。

表 2.1-1　转向盘转角阶跃性能测试超调量数据

ω	超调量											
	30°	−30°	90°	−90°	180°	−180°	270°	−270°	360°	−360°	540°	−540°
10	24	23	19.8	16.3	10.8	6.86	6.39	7.89	6.76	5.93	4.71	0.95
50	25	23	18.4	15.3	10.8	9.09	4.14	4.89	5.35	6.18	3.18	1.13
100	25	24	15.9	16.1	8.99	8.43	6.37	4.87	4.76	3.64	2.61	0
200	24	23	9.09	10.2	3.37	5.62	4.48	4.10	3.35	2.78	2.42	0

注:转速(ω)不表示绝对大小。

② 稳定时间是指从给出信号到系统达到稳定数值所需的时间,如表 2.1-2 所示,转向系统原地转向稳定时间范围为 437 ms 到 1 638 ms,其大转角时稳定时间相对较长。

表 2.1-2 转向盘转角阶跃性能测试稳定时间数据

ω	稳定时间/ms											
	30°	−30°	90°	−90°	180°	−180°	270°	−270°	360°	−360°	540°	−540°
10	546	437	655	655	874	874	874	874	1 092	873	1 420	1 310
50	546	546	764	764	873	873	982	982	1 092	983	1 420	1 201
100	655	655	765	655	874	983	983	983	1 201	1 202	1 529	1 201
200	764	874	874	873	983	998	1 310	1 201	1 201	1 310	1 638	1 310

注:转速(ω)不表示绝对大小。

③ 稳态误差是指期望值与系统稳态值之差,如表 2.1-3 所示,转向系统原地转向稳态误差范围为−13°～0。

表 2.1-3 转向盘转角阶跃性能测试稳态误差数据

ω	稳态误差											
	30°	−30°	90°	−90°	180°	−180°	270°	−270°	360°	−360°	540°	−540°
10	5	−7	3.5	−10	4	−5	4	−3.5	7	−8	−3.5	−10.5
50	6	−6	3	−5	4	−4	3.5	−4	2.5	−4	−3.5	−8
100	2	−3	2	−3	2	−2	3	−3	0.5	−1.5	−3	−13
200	2	−2	2	−2	2	−3	3.5	0	5	−4.5	−3.5	−9.5

注:转速(ω)不表示绝对大小。

5.正弦跟踪特性测试

正弦信号是更符合实际驾驶工况的,可以更好测试真实情况下的性能。在停车状态下,以某个设定的转向盘转角速度输入正弦波形的转向盘转角控制信号,测试其跟踪性能,此工况下控制应当平顺而稳定,同时有较小的跟踪误差。如表 2.1-4 所示。

表 2.1-4 正弦跟踪特性测试

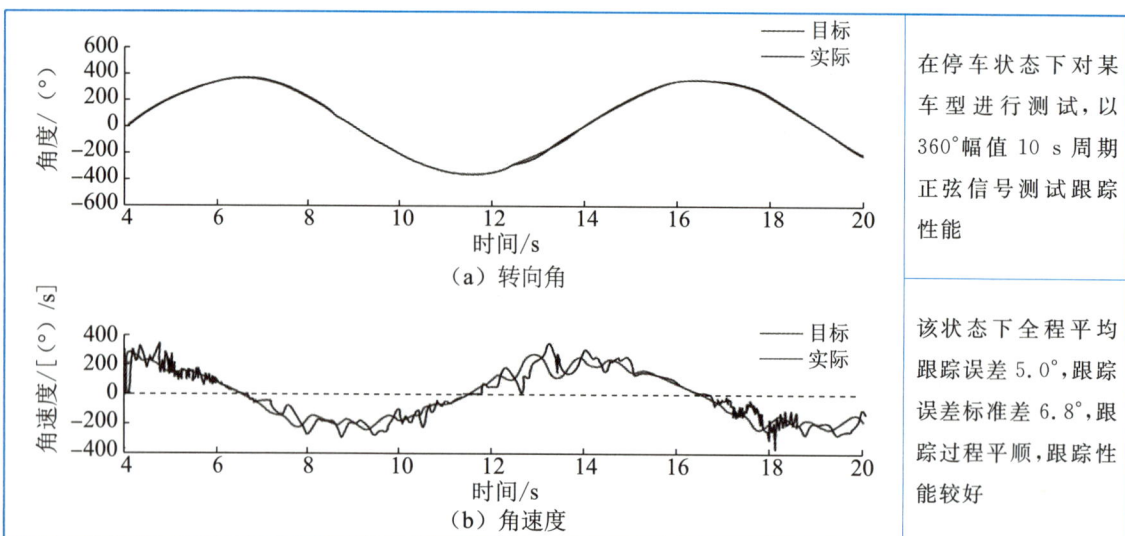

（a）转向角

在停车状态下对某车型进行测试,以 360°幅值 10 s 周期正弦信号测试跟踪性能

（b）角速度

该状态下全程平均跟踪误差 5.0°,跟踪误差标准差 6.8°,跟踪过程平顺,跟踪性能较好

6.斜坡跟踪特性测试

在停车状态下,以某个设定的转向盘转角速度向某个方向转向,测试在该转速下的跟踪性能,此工况下控制应当平顺而稳定,同时有较小的跟踪误差。如表 2.1-5 所示。

表 2.1-5　斜坡跟踪特性测试

	中等转速下的跟踪性能测试
（a）转向角	
（b）转向角误差	两次超调分别为 5.9°、8.5°;一个周期平均跟踪误差 2.6°,跟踪误差标准差 4.3°,总体跟踪性能较好
（c）角速率	由角速度跟踪曲线与控制量曲线可见,整体控制较为平顺

学习活动 2　线控转向系统调试

线控转向系统的通信主要存在于 VCU 与 EPS-ECU 之间,包括 VCU 向 EPS-ECU 发送的转向指令,EPS-ECU 向 VCU 发送的转向角度、电机电流及 ECU 温度等反馈信息。VCU 与 EPS-ECU 之间的通信波特率为 500 kbit/s,报文采用 Motorola 格式,帧格式为标准帧。

1.VCU 向 EPS-ECU 发送 CAN 报文协议

VCU 向 EPS-ECU 发送 CAN 报文的协议如表 2.2-1 所示,报文 ID 为 0x314,报文周期为 100 ms,报文长度为 8 字节。

表 2.2-1　VCU 向 EPS-ECU 发送 CAN 报文协议(ID 0x314,周期 100 ms)

字　　节		定　　　义	格　　　式
Byte0	bit0	1,工作;0,停止	1:ECU 进入工作模式;0:ECU 进入停止模式
	bit1	预留	bit1 默认为 0
	bit2	1,设置当前位置为"中位";0,该命令失效	1:ECU 标定当前位置为角度中点,即 0 角度(bit2 生效时 bit0 为 0,即 Byte0 为 0x04)
	bit3	预留	bit3 默认为 0
	bit4~bit7	预留	bit4~bit7 默认为 0
Byte1	低字节	角度控制	角度旋转到当前数值对应的角度(−720°~+720°),逆时针旋转为正,顺时针旋转为负,0 为对应中点位置
Byte2	高字节		
Byte3~Byte7		预留	—

注:预留表示暂时没有被赋予特定功能。

① Byte0 用来设置 EPS-ECU 的状态:其中 bit0 可设置 ECU 的工作与停止——当 bit0 为 1 时,ECU 进入工作模式;当 bit0 为 0 时,ECU 进入停止模式。bit2 可设置转向盘的中点位置——当 bit2 为 1 时,ECU 标定当前位置为角度中点,即 0 角度(该命令生效的前提是 bit0 为 0);当 bit2 为 0 时,该命令失效。Byte0 的其余 6 位为预留位,默认都为 0。

② Byte1、Byte2 用来设置转向盘旋转的角度:转向盘旋转角度范围为−720°~+720°,逆时针旋转为正,顺时针旋转为负,0°为对应中点位置。

例:转向盘逆时针旋转 80°,数值 80 换算成两字节十六进制数为 0x0050,由于 Byte1 为低字节,Byte2 高字节,则 Byte1 为 0x50,Byte2 为 0x00,因此 Byte1、Byte2 为 0x5000。

转向盘顺时针旋转 80°,须先将数值 80 进行转换,即 65 456,数值 65 456 换算成两字节十六进制数,为 0xFFB0,同理根据 Byte1 和 Byte2 的字节高低情况,得 Byte1、Byte2 为 0xB0FF。

③ Byte3~Byte7 都为预留字节,默认都为 0x00。在调试时,只须调试 EPS 的部分数据时,CAN 报文中未涉及的字节默认为 0x00,未涉及的位默认为 0 即可。

2. EPS-ECU 向 VCU 发送 CAN 报文协议

EPS-ECU 向 VCU 发送 CAN 报文的协议如表 2.2-2 所示,报文 ID 为 0x18F,报文周期为 100 ms,报文长度为 8 字节。

① Byte0 用来反馈 EPS-ECU 当前的状态:其中 bit0 显示 ECU 的工作或停止模式——当 bit0 为 1 时,ECU 当前为工作模式;当 bit0 为 0 时,ECU 当前为停止模式。bit1 显示 ECU 驱动部分的状态——当 bit1 为 1 时,ECU 驱动部分烧毁;当 bit1 为 0 时,ECU 驱动部分正常。bit2 显示 ECU 是否检测到故障——当 bit2 为 1 时,ECU 检测到故障;当 bit2 为 0 时,ECU 未检测到故障。bit3 显示是否检测到 ECU 温度过高——当 bit3 为 1 时,ECU 检测到 ECU 温度过高(ECU 温度≥90 ℃时,为温度过高);当 bit3 为 0 时,ECU 未检测到 ECU 温度过高。Byte0 的其余 4 位为预留位,默认都为 0。

表 2.2-2　EPS-ECU 向 VCU 发送 CAN 报文协议(ID 0x18F,周期 100 ms)

字　节		定　义	格　式
Byte0	bit0	1,工作;0,停止	1:ECU 当前为工作模式;0:ECU 当前为停止模式
	bit1	驱动部分状态	1:ECU 驱动部分烧毁;0:ECU 驱动部分正常
	bit2	故障检测状态	1:ECU 检测到故障;0:ECU 未检测到故障
	bit3	ECU 温度状态	1:ECU 检测到 ECU 过温(≥90 ℃);0:ECU 未检测到 ECU 过温
	bit4～bit7	预留	—
Byte1	低字节	角度控制	角度旋转到当前数值对应的角度(−720°～+720°),逆时针旋转为正,顺时针旋转为负,0°为对应中点位置,偏移量为 0
Byte2	高字节		
Byte3	低字节	电机电流	有效范围为−60～+60 A,偏移量为 0,精度为 0.001 A
Byte4	高字节		
Byte5	预留		0x00(默认)
Byte6	ECU 温度		0～120 ℃,偏移量为 0,精度为 1 ℃
Byte7	预留		0x00(默认)

② Byte1、Byte2 用来反馈当前转向盘旋转的角度:转向盘旋转角度范围为−720°～+720°,逆时针旋转为正,顺时针旋转为负,0°为对应中点位置。

例如:当前 EPS 向 VCU 反馈的报文中 Byte1、Byte2 为 0x5000,进行高低字节变换后,得到 EPS 反馈角度的十六进制值为 0x0050,换算成十进制值为 80,80 在转向盘最大的旋转角度数值 720 以内,可知转向盘为逆时针旋转,即当前转向盘逆时针旋转了 80°。

当前 EPS 向 VCU 反馈的报文中 Byte1、Byte2 为 0xB0FF,进行高低字节变换后,得到 EPS 反馈角度的十六进制值为 0xFFB0,换算成十进制值为 65 450,65 450 大于转向盘最大的旋转角度数值 720,可知转向盘为顺时针旋转,还须再次进行计算,即 $16^4 − 65\ 450 = 86$,表示当前转向盘顺时针旋转了 86°。

③ Byte3、Byte4 用来反馈当前 EPS 电机电流:有效范围为−60～+60 A,偏移量为 0,精度为 0.001 A,逆时针旋转为正,顺时针旋转为负。

例如:当前转向盘为逆时针旋转,EPS 向 VCU 反馈的报文中 Byte3、Byte4 为 0x50C3,进行高低字节变换后,得到 EPS 反馈电机电流的十六进制值为 0xC350,换算成十进制值为 50 000,表示当前 EPS 电机电流为 50 000×0.001 A=50 A。

当前转向盘为顺时针旋转,EPS 向 VCU 反馈的报文中 Byte3、Byte4 为 0xB03C,进行高低字节变换后,得到 EPS 反馈电机电流的十六进制值为 0xB03C,进行高低字节变换后,得到 EPS 反馈电机电流的十六进制值为 0x3CB0,由于转向盘是顺时针旋转,须先将数值 15 536 进行转换,即 $16^4 − 15\ 536 = 50\ 000$,表示当前 EPS 电机电流为 50 000×0.001 A=50 A。

④ Byte6 用来反馈当前 EPS-ECU 温度:ECU 温度范围为 0～120 ℃,偏移量为 0,精度为 1 ℃。

例如:当前 EPS 向 VCU 反馈的报文中 Byte6 为 0x27,换算成十进制值为 39,表示当前 EPS-ECU 的温度为 39 ℃。

⑤ Byte5 和 Byte7 为预留字节,默认 Byte5 为 0x00,Byte7 为 0x00。

小贴士

　　一般情况下,根据一条反馈报文,须先解析 Byte1、Byte2 两字节,得到方向盘旋转方向后,再计算 EPS 电机电流。

学习活动 3　线控转向系统故障检修

微课:线控转向
系统故障检修

一、线控转向系统电路图分析

1.EPS 线控转向系统电路图分析

如图 2.3-1 所示,EPS 线控转向系统的工作过程为

① 打开启动开关,EPS 控制器接收到启动信号,当转向盘转矩传感器、转角传感器监测到转向盘转角和转矩后,将信息反馈至 EPS 控制器。

② EPS 控制器通过 CAN 总线访问当前车辆状态(车速、挡位等)控制助力转向电机通电占空比及电流大小,实现不同车辆状态下的转向助力。

③ 再通过加装环境感知传感器、计算平台、CAN 协议调试,进而使 EPS 实现智能网联汽车的线控转向目标。

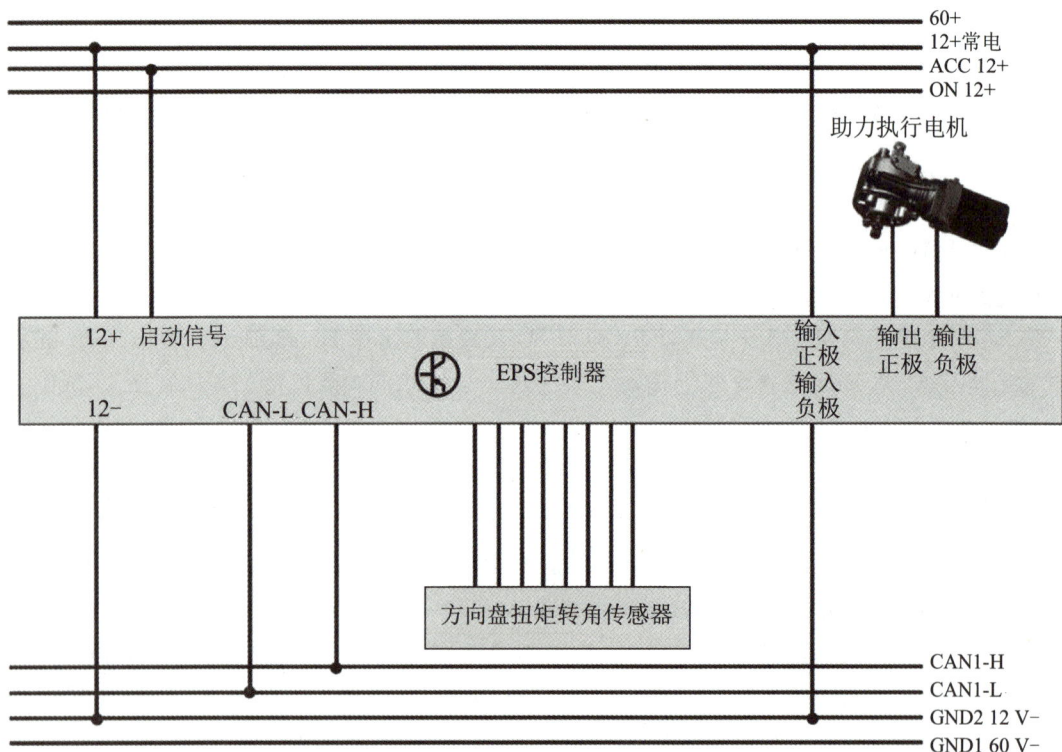

图 2.3-1　EPS 线控转向系统电路图

2.SBW 线控转向系统电路图分析

(1)单组 ECU 的 SBW 线控转向系统

如图 2.3-2 所示,SBW 线控转向系统的工作过程为:

① 当打开启动钥匙,SBW 控制器开始工作。

② 当 SBW 控制器接收到转向指令后,结合当前车速和挡位计算出需要的转角,控制转向执行电机工作。

③ 再通过角位移传感器反馈转向执行电机的转动角度是否正确,最终实现车辆自动转向。

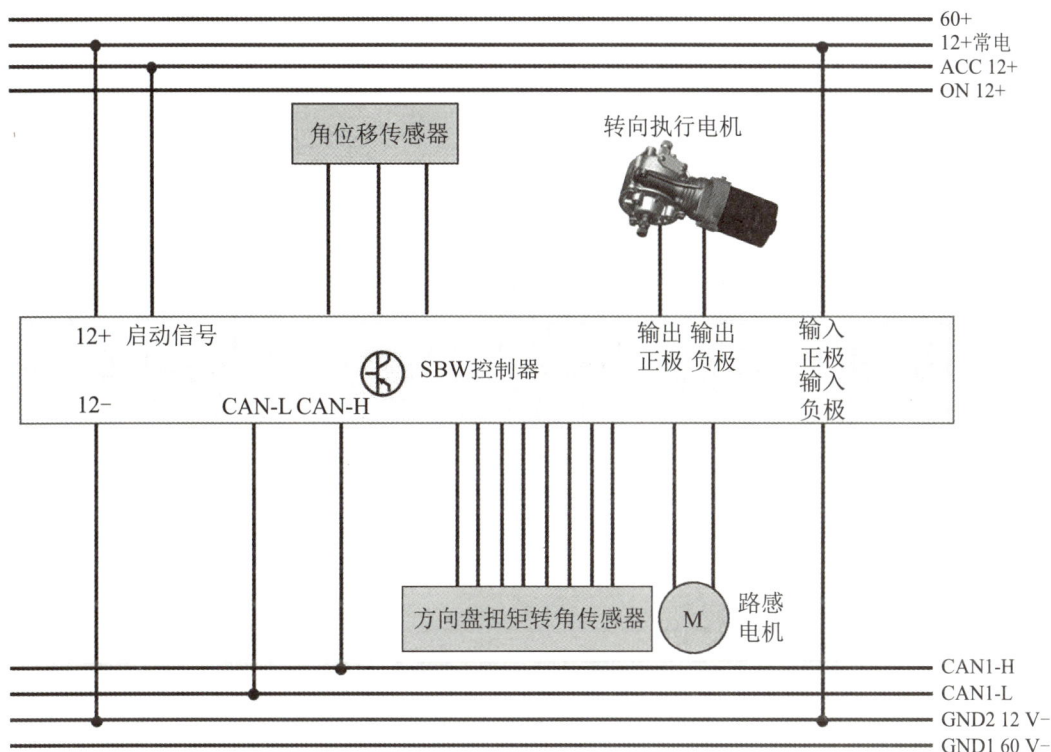

图 2.3-2　单组 ECU 的 SBW 线控转向系统电路图

(2)3 组 ECU 的 SBW 线控转向系统

如图 2.3-3 所示,冗余设计的 3 组 ECU 线控转向系统中,3 组 ECU 同时对转向需求进行计算,以保证执行速度,并利用冗余消除错误。而在具体控制上,两侧的 ECU 分别控制两侧转向轮的转向电机。当电控出现故障时,离合器控制备用的机械转向系统介入,转换成机械转向。

如图 2.3-4 所示,3 组 ECU 的 SBW 线控转向系统的工作过程:打开启动钥匙,3 组控制器开始工作。当控制器接收到转向指令后,结合当前车速和加速度计算出需要的转角,控制转向执行电机工作,再通过角位移传感器反馈转向执行电机的转动角度是否正确,最终实现车辆自动转向。

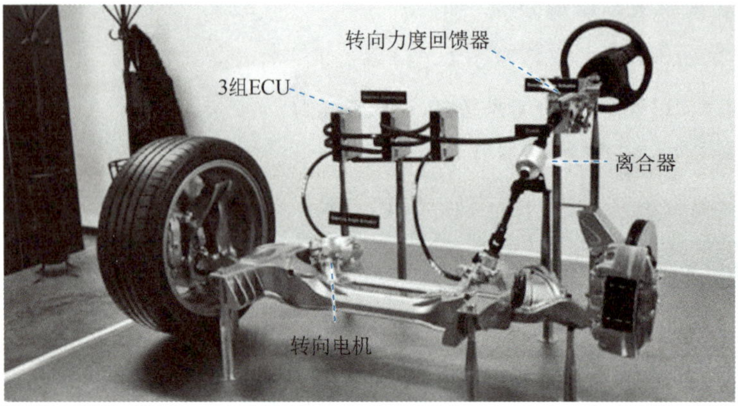

图 2.3-3 3 组 ECU 的 SBW 线控转向系统组成

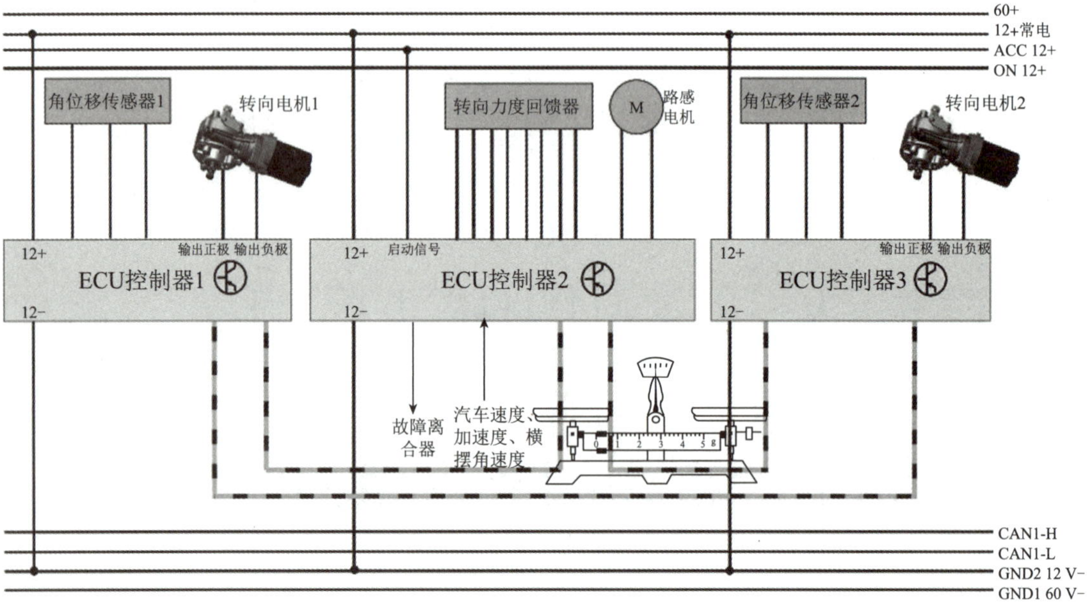

图 2.3-4 3 组 ECU 的 SBW 线控转向系统电路图

二、线控转向系统部件插接器针脚定义

由于目前电动助力转向系统（EPS）应用更为广泛,关于线控转向系统的针脚介绍和后面的故障检修都以 EPS 为例。

EPS-ECU 由 4 个插接器组成,分别为信号插接器、传感器插接器、电机插接器、电源插接器,如图 2.3-5 所示。

其各部件插接器针脚定义见表 2.3-1。信号插接器通过 CAN 线与其他模块进行通信;传感器插接器与转矩传感器、转角传感器连接,用于监测转向盘的转角与转矩;电机连接线连接至转向助力电机提供工作电源;电源插接器与低压蓄电池连接。

信号连接器　传感器连接器　电机连接器　电源连接器

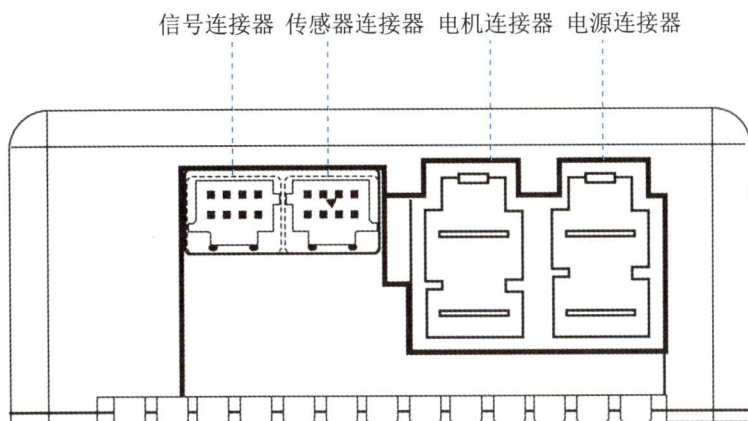

图 2.3-5　ECU 接线端针脚

表 2.3-1　针脚定义介绍

名　　称	针脚编号	针脚定义	名　　称	针脚编号	针脚定义
信号插接器	1	—	传感器插接器	1	PWM
	2	—		2	PWM
	3	CAN-L		3	GND
	4	ON12+		4	5 V
	5	—		5	5 V
	6	—		6	GND
	7	—		7	TQ
	8	CAN-H		8	TQ

课程总结

　　本学习任务主要围绕车辆直行跑偏故障维修展开讲述。通过学习,学生将深入了解线控转向系统的基础知识、线控转向系统的通信原理及相应的电路图分析。此外,学生还将学习线控转向系统的调试操作,掌握故障检修的方法,并理解线控转向系统部件插接器针脚的定义。本课程内容涵盖车辆直行跑偏故障维修的基础学习要领,目的在于帮助学生更好地理解新能源汽车的线控转向系统。

课堂小测

一、单选题

1.以下关于线控转向系统的描述正确的是(　　　)。

A.线控转向系统使用液压泵和液压缸来提供转向辅助力

B. 线控转向系统利用电动机和传感器来实现转向辅助

C. 线控转向系统不提供任何转向辅助力

D. 线控转向系统与传统的液压助力转向系统完全相同

2. 在电动助力转向系统中,以下负责将转动信号传到控制单元的组件是(　　　)。

A. 转向盘　　　　　　　　　　　　　　　B. 转矩传感器

C. 转向电机　　　　　　　　　　　　　　D. 减速机构

3. 关于齿轮辅助型(P-EPS)电动助力转向系统,以下描述正确的是(　　　)。

A. 助力电机和减速机构布置在转向柱上

B. 助力电机和减速机构布置在转向齿轮上

C. 驱动电机的输出力矩直接传递到转向齿轮上

D. 驱动电机的输出力矩通过蜗轮蜗杆减速机构传递到转向柱

4. 关于线控转向系统(SBW),以下描述正确的是(　　　)。

A. SBW 不使用传感器来获取转向盘的旋转角数据

B. ECU 将转向盘的旋转角数据直接用于驱动车轮

C. SBW 通过 ECU 将转向盘旋转角数据折算为驱动力数据,并用电机推动转向机转动车轮

D. SBW 使用液压系统来传递转向盘的旋转角数据到车轮

5. 关于线控转向系统的通信,以下描述正确的是(　　　)。

A. 线控转向系统的通信主要在 EPS-ECU 与转向电机之间进行

B. VCU 向 EPS-ECU 发送的转向指令包括电机电流信息

C. VCU 与 EPS-ECU 之间的通信波特率为 1 Mbit/s

D. VCU 与 EPS-ECU 之间的通信报文采用 Motorola 格式,帧格式为标准帧

二、多选题

1. 目前以下哪种系统能适应智能网联汽车转向系统的要求?(　　　)

A. 液压助力转向系统　　　　　　　　　　B. 电动助力转向系统(EPS)

C. 机械式转向系统　　　　　　　　　　　D. 线控转向系统(SBW)

2. 以下类型属于电动助力转向系统(EPS)的是(　　　)。

A. 柱辅助型(C-EPS)　　　　　　　　　　B. 齿轮辅助型(P-EPS)

C. 齿条辅助型(R-EPS)　　　　　　　　　D. 轮毂辅助型(W-EPS)

三、判断题

1. EPS 的主要优点是设计和构造简便,助力与发动机转速无关,能够让转向盘在低速时更轻盈,高速时更稳定。(　　　)

2. EPS-ECU 向 VCU 发送 CAN 报文的 ID 为 0x18F,报文周期为 200 ms,报文长度为 8 字节。(　　　)

3. 当 bit0 为 1 时,ECU 当前为工作模式;当 bit0 为 0 时,ECU 当前为停止模式。(　　　)

4. 电动助力转向系统(EPS)应用最为广泛。(　　　)

四、填空题

1. EPS-ECU 由 4 个插接器组成,分别为＿＿＿＿＿＿＿＿、＿＿＿＿＿＿＿＿、电机插接器、电源插接器。

2. C-EPS 系统的优点是结构紧凑,其电机、减速机构、传感器及控制器等为＿＿＿＿＿＿＿＿,布置在驾驶舱内,工作环境较好,不占用发动机舱的空间,方便发动机舱布置,成本较低。

3. P-EPS 助力转矩直接作用于＿＿＿＿＿＿＿＿上,因此可以提供较大的＿＿＿＿＿＿＿,助力效果较为迅速准确。

4. ＿＿＿＿＿＿＿布置在＿＿＿＿＿＿＿内,有利于降低驾驶舱噪声水平。

学习任务 3
车辆加速异常故障维修

学习目标

1. 能认知线控驱动系统的特点和结构；
2. 能概述线控驱动系统的工作原理；
3. 能认知线控驱动系统的通信原理；
4. 能认知线控驱动系统的电路图；
5. 能概述驱动系统部件插接器的针脚定义；
6. 能独立进行线控驱动系统的拆装；
7. 能进行线控驱动系统的调试操作；
8. 能准确检测线控驱动系统出现的故障。

建议课时：72 课时

学习要求

序　号	学习活动	学习内容	学　时
1	线控驱动系统拆装	线控驱动系统的结构与工作原理	48
		线控油门系统的结构与工作原理	
		驱动电机及其控制器的结构与工作原理	
		电机旋变传感器的结构与工作原理	
		电机温度传感器的结构与工作原理	
		线控驱动系统的验收标准	

续表

序　号	学习活动	学习内容	学　时
2	线控驱动系统调试	线控驱动系统的通信原理	12
3	线控驱动系统故障检修	线控驱动系统电路图分析	12
		线控驱动系统插接器针脚定义	

学习活动 1　线控驱动系统拆装

一、线控驱动系统的结构与工作原理

智能网联汽车的线控驱动系统是通过电气和电子控制技术,实现对驱动电机的精确控制,从而实现车辆的加速、制动和转向等功能,它是智能网联汽车实现自动驾驶和智能化驾驶的关键部分。

微课:线控驱动系统结构与工作原理

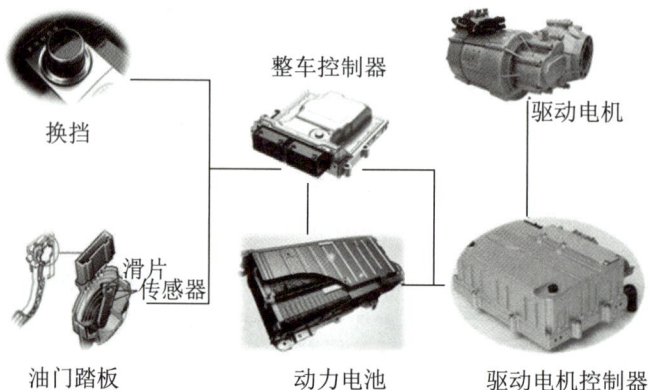

1.线控驱动系统的结构

线控驱动系统是由多个组件构成的(如图 3.1-1 所示),通常有以下几个组件:

① 动力电池系统:提供电能的核心部件,由多个电池模块组成,存储着高电压直流电能。动力电池系统为驱动电机提供所需的动力。

② 驱动电机:智能网联汽车的动力源,负责将电能转换为机械能,驱动车辆前进。

③ 驱动电机控制器(MCU):连接驱动电机和动力电池的中间设备,负责将直流电能从动力电池转换为驱动电机所需的交流电能。

④ 传感器:用于实时捕捉车辆和周围环境的数据,包括车速传感器、转向传感器、制动传感器等,它们将车辆状态和驾驶人操作的信息传输给其他控制单元,以实现精确的驱动控制。

⑤ 整车控制器(VCU):线控驱动系统的核心,负责接收和处理传感器的数据,并根据驾驶人的驾驶意图生成相应的控制指令。控制单元还与其他车辆系统和网络连接,进行数据交换和协调。

图 3.1-1　人工驾驶模式下线控驱动系统构成

2.线控驱动系统的工作原理

当车辆处于人工驾驶模式时,线控驱动系统的工作原理如图 3.1-2 所示,主要有以下几个环节:

① VCU(转向控制单元)通过接收变速杆(或按键、旋钮)信号以及加速踏板上的传感器信号等,来判断车辆的行驶方向和行驶速度。

② VCU 通过 CAN 总线将这些判断结果发送给 MCU。

③ MCU 接收到 VCU 发送的信号后,根据指令控制电机(M)的转向和转速。这样的控制可以通过调整的输出参数,例如电流和电压来实现。

④ 电机通过机械传动装置(例如传动轴、齿轮传动等)将动力传递给车轮,从而驱动车辆行驶。

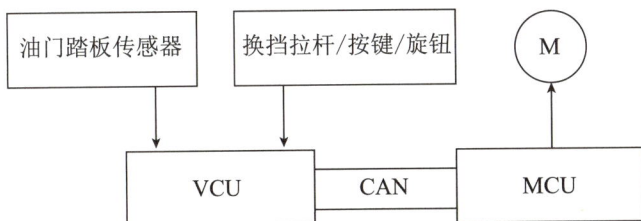

图 3.1-2　人工驾驶模式下线控驱动系统的工作原理

如图 3.1-3 所示,在选择自动驾驶模式时,计算平台在接收环境传感器的信号反馈后,判断车辆的行驶方向和速度等参数。然后,通过 CAN 总线将这些信息发送给 VCU。VCU 经过计算后再通过 CAN 总线发送指令给 MCU,控制电机的转向和速度。最终,通过机械传动装置将动力传递给车轮,实现车辆的自动驾驶。在这整个过程中,计算平台代替了驾驶人的驾驶意图,例如踩加速踏板、操纵变速器等,从而实现自动驾驶功能。

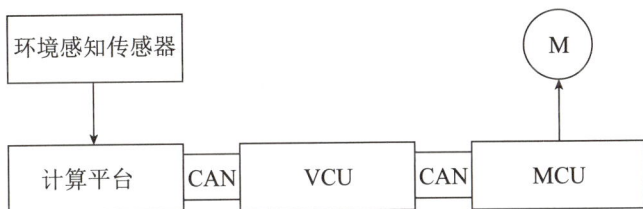

图 3.1-3　自动驾驶模式下线控驱动系统的工作原理

二、线控油门系统的结构与工作原理

微课:线控油门系统
结构与工作原理

1.传统油门系统

传统油门系统也称为机械油门系统或机械加速踏板系统,是用于控制燃油汽车加速和减速的系统。传统油门系统的构成如图 3.1-4 所示,工作原理如下:

① 驾驶员踩下加速踏板时,踏板的位置传感器会检测到踏板的角度,并将这个信号传送给 ECU(发动机控制器);

② ECU(发动机控制器)根据加速踏板位置传感器的信号,计算出相应的油门开度;

③ ECU(发动机控制器)通过电缆或其他传动装置将油门开度信息传送给发动机节气门;

④ 发动机节气门根据接收到的油门开度信息,调整进气阀门的开启程度,控制发动机进气量;

⑤ 更多的燃料和空气进入发动机,使其产生更多的动力,车辆加速;

⑥ 当驾驶员松开加速踏板时,弹簧和阻尼装置会使加速踏板返回原来的位置,关闭节气门,减小进气量,车辆减速。

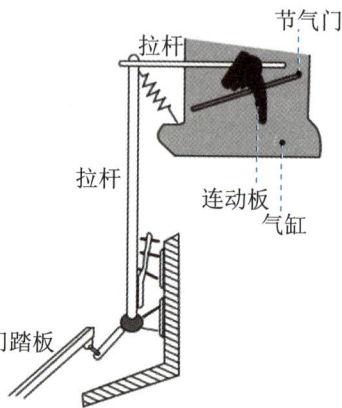

图 3.1-4　传统油门系统

传统油门系统的操作直观简单,相较于更复杂的电子控制系统,制造成本和维护成本通常较低,但操作力反馈有限,驾驶员不能直接感受到发动机输出的扭矩变化,对车辆的掌控感相对较弱,节气门的开启程度由机械控制,难以实现最优化的燃油供给,可能影响车辆的燃油效率和经济性。

2.线控油门系统(燃油车)

传统的机械油门系统中,驾驶员通过踩下加速踏板来控制油门的开合程度,进而控制发动机输出的功率,而线控油门系统是采用电子传感器和执行器,通过传感器采集加速踩踏深浅和快慢的信号,并通过电子控制来实现踏板功能的系统,目的是控制车辆的行驶速度和加减速。

线控油门系统由加速踏板单元、电子控制单元、节气门执行单元构成,如图 3.1-5 所示。工作原理如下:

① 驾驶员操作加速踏板:控制加速和减速的程度。

② 传感器检测加速踏板位置:检测加速踏板的位置,转化为电信号。

③ ECU(电子控制单元)接收信号:将加速踏板位置的电信号发送给 ECU。

④ ECU(电子控制单元)计算油门开度:ECU 接收到加速踏板位置信号后,根据预设的程序和算法,计算出相应的油门开度。

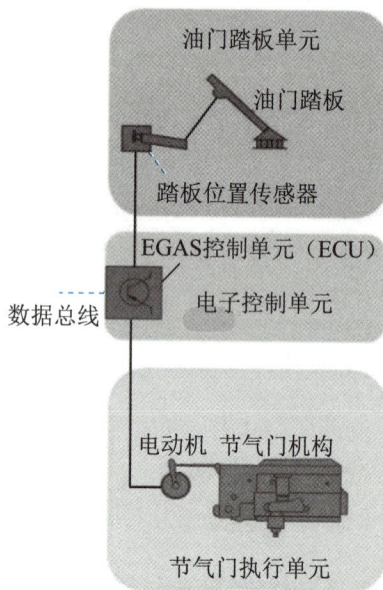

图 3.1-5　线控油门系统

⑤ 控制节气门开合:ECU(电子控制单元)通过电缆或电子连接将计算得到的油门开度信号发送给节气门的执行机构(如电机或伺服马达),以控制节气门的开合程度。

⑥ 调节进气量:节气门的开合程度决定了发动机吸入的空气量,进而影响发动机输出的功率。通过控制节气门的开合,可以调节发动机的进气量,实现驾驶员所期望的车辆加速和减速。

⑦ 其他调节和控制:ECU(电子控制单元)还可根据其他传感器的反馈信号,如发动机转速、温度、氧传感器等,对燃料喷射和点火时机进行调节,以获得更好的性能、燃油效率,实现更好的排放控制。

3.线控油门系统(智能网联汽车)

智能网联车辆是与互联网连接并具备一定智能能力的车辆,线控油门系统在其基础上进一步发展,利用电子控制和通信技术,实现更高级的车辆加速和减速控制功能。它能够与智能驾驶系统、导航系统和车辆网络进行集成和协同,提供更安全、智能和高效的驾驶体验。

当智能网联汽车选择自动驾驶模式时,计算平台会通过综合周围环境信息进行计算,并发送最佳行驶信息给车辆的 VCU,如图 3.1-6(a)所示。然后 VCU 向 MCU 发送踏板踩下程度等信息,MCU 控制驱动电机的转矩和转速。

对于纯电动汽车,驾驶过程实际上就是智能网联的人工驾驶模式。车辆的 VCU 通过加速踏板位置传感器来检测驾驶者的驾驶意图,并向 MCU 发送踏板踩下程度等信息,由 MCU 控制驱动电机的转矩和转速,如图 3.1-6(b)所示。

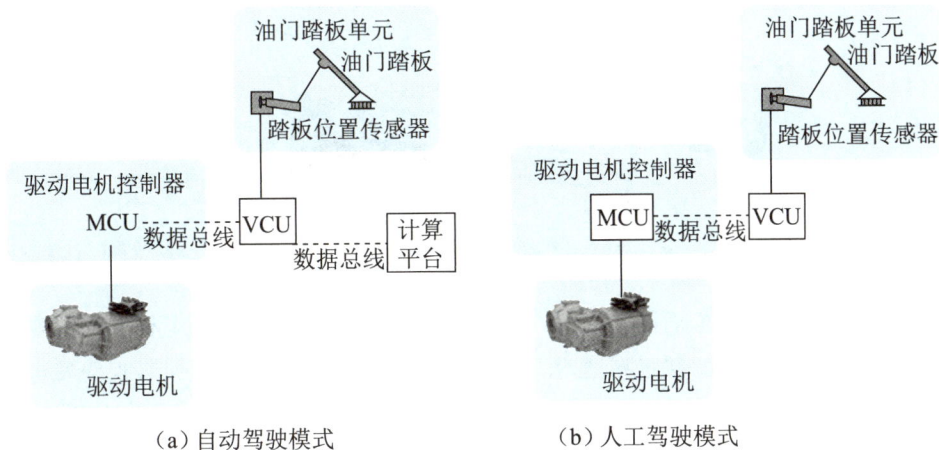

(a)自动驾驶模式　　　　　　(b)人工驾驶模式

图 3.1-6　智能网联汽车/纯电动汽车油门系统结构

智能网联汽车线控油门系统具有以下优点:

① 精确控制:采用电子控制,可以实现对发动机或电动驱动系统的精确控制。通过调节驱动电机的转矩和转速,可以精确控制车辆的加速和减速,提供更好的驾驶操控性和响应性。

② 交通协同和路况优化:通过与其他车辆的通信和互联,可以实现实时交通信息的获取和共享。通过分析和处理这些信息,系统可以帮助车辆进行智能交通流优化,减少拥堵,提高行车效率和安全性。

线控油门系统具有如下缺点:工作原理相对复杂,成本较高,涉及多个子系统的协同工作,这需要高度的技术集成和可靠性保证,以确保系统的正常运行。

三、驱动电机及其控制器的结构与工作原理

1.驱动电机的作用

驱动电机是线控驱动系统中的关键组件,它可以将电能转换成机械能,驱动汽车前进。在电动汽车上,驱动电机替代了传统汽车上的发动机和发电机,传统汽车通常是把化学能转换为机械能驱动车辆行驶,而驱动电机既可以将电能转

微课:驱动电机及其控制器结构与工作原理

换为机械能驱动汽车行驶,也可以作为发电机将机械能转换为电能,并存储在动力电池内。

MCU 将动力电池的高压直流电变换为驱动电机的高压三相交流电,使驱动电机产生力矩,并通过传动装置将驱动电机的旋转运动传递给车轮,驱动汽车行驶,驱动电机动力传输图如图 3.1-7 所示。

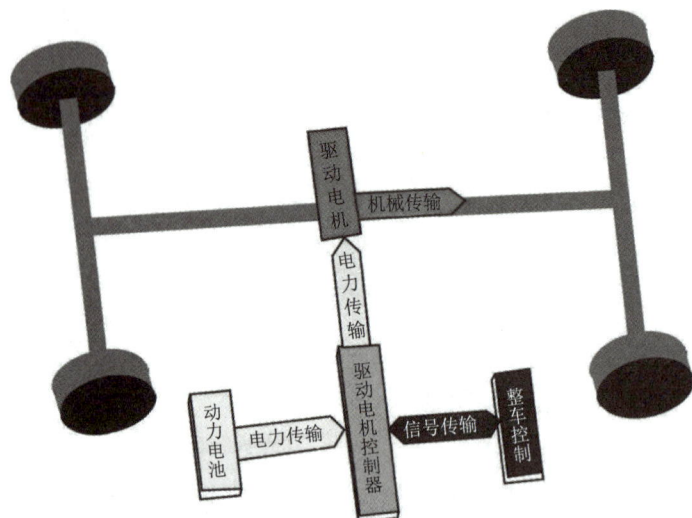

图 3.1-7　驱动电机动力传输图

驱动电机不仅可以驱动车辆行驶,而且可以进行制动能量回收。驱动电机制动能量回收如图 3.1-8 所示。驱动电机在制动、缓慢减速时,VCU 发出相应指令,使驱动电机转换为发电机发电工况,此时驱动电机会将车辆动能转换为电能,通过 MCU 以电能的形式向动力电池充电。

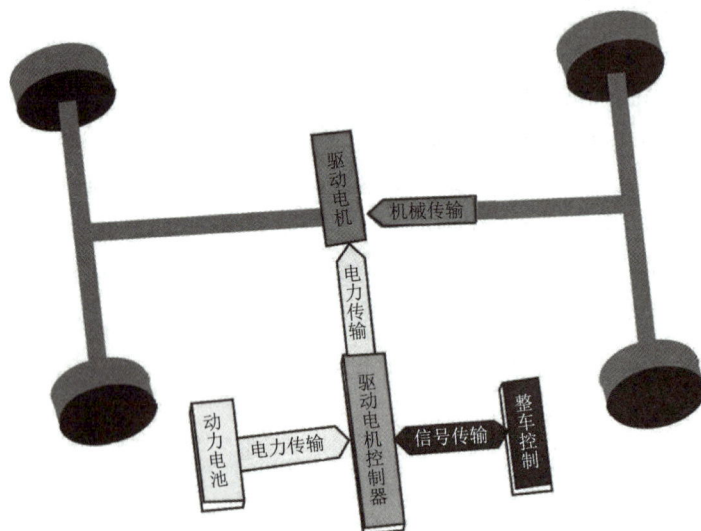

图 3.1-8　驱动电机能量回收图

2. 驱动电机的结构

在智能网联汽车中,纯电动汽车是主要的类型,而不同类型的驱动电机包括直流电机、交流异步电机、永磁同步电机和开关磁阻电机。在这些驱动电机中,永磁同步电机具有高效率、精确控制、高转矩密度、平稳转矩输出和低噪声等优点。因此,在纯电动汽车中,永磁同步电机应用较为广泛。

　　永磁同步电机中的"永磁"指在电机转子制造过程中使用永磁材料。通过在转子上加入永磁体,可以显著提高电机的性能。而"同步"则意味着转子的转速与定子绕组的电流频率保持同步。通过控制电机定子绕组的输入电流频率,可以完全控制电动汽车的速度。由于永磁材料的磁性是恒定的,定子绕组中产生的旋转磁场会驱动永磁体旋转,最终使转子与定子保持同步转速。

　　永磁同步电机的结构一般由定子和转子组成,如图 3.1-9 所示。定子通常由三相绕组构成,绕组中通过交流电产生旋转磁场。而转子则包含了永磁体,它可以以不同形式存在,如表面装覆的永磁块或通过将永磁材料嵌入转子的永磁绕组。当定子绕组中的电流流过时,会在定子上产生旋转磁场,该磁场与转子上的永磁体相互作用,从而施加转矩使转子转动。

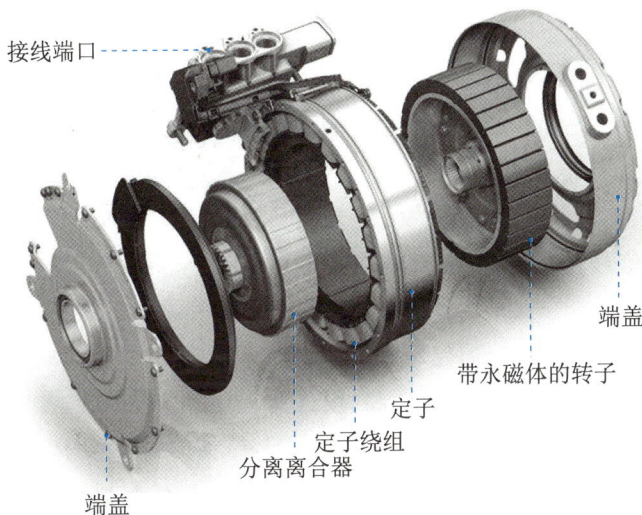

图 3.1-9　永磁同步电动机构造

　　在工作过程中,电机控制系统会根据车辆需求调节电流输入的频率和幅值,以控制永磁同步电机的转速和扭矩。这个过程通过 MCU 和 VCU 实现。智能网联系统可以提供实时的车辆状态和路况信息,帮助优化电机的控制策略,实现更高效、安全和舒适的驾驶体验。

3.驱动电机的工作原理

　　永磁电机的工作原理如图 3.1-10 所示,当定子绕组中通入三相电流时,电流在定子绕组中会形成旋转磁场。这个旋转磁场的频率与电流的频率相等,根据三相电流的正弦波形式,旋转磁场也呈现出旋转的特征。在永磁同步电机的转子上安装有磁场恒定的永磁体,这些永磁体的磁极是固定不变的。

　　根据磁极的 N 极和 S 极之间的相互作用原理,同性极相互排斥,异性极相互吸引。因此,在定子中形成的旋转磁场会与转子上的永磁体相互作用。这个相互作用会施加一个力矩在转子上,使得转子开始旋转。这个过程会持续进行,直到转子的旋转速度与定子中旋转磁场的转速相等为止。这样,转子就能以与定子相同的旋转速度运转。

$$\omega t=0 \quad i_A=+ \qquad \omega t=120 \quad i_A=+ \qquad \omega t=240 \quad i_A=- \qquad \omega t=360 \quad i_A=+$$
$$i_B=- \quad i_C=+ \qquad i_B=+ \quad i_C=- \qquad i_B=+ \quad i_C=+ \qquad i_B=- \quad i_C=+$$

（⊗表示电流入，⊙表示电流出）

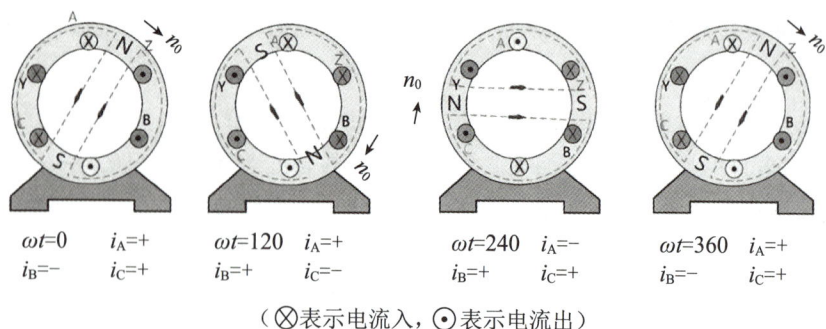

图 3.1-10　永磁同步电机工作原理

需要注意的是，为了保持同步运行，永磁同步电机需要通过控制定子绕组中的电流频率和幅值来与负载要求相匹配。电流频率可以通过 MCU 进行调节，以实现所需转速和扭矩的输出。

4. 驱动电机控制器的结构与工作原理

驱动电机控制器是电动汽车中连接动力电池和驱动电机的核心组件（如图 3.1-11 所示），用于控制能量的传输。根据《电动汽车用驱动电机系统　第 1 部分：技术条件》（GB/T 18488.1—2015）的定义，驱动电机控制器是一个由控制信号接口电路、驱动电机控制电路和驱动电路组成的装置。

控制模块包括硬件电路和相应的控制软件。硬件电路部分包括处理器保护系统、状态监测电路、硬件保

图 3.1-11　驱动电机控制器

护电路和数据通信电路。这些硬件电路的功能是确保控制器的安全运行，监测电机状态和电机驱动过程中的各种参数，同时与其他系统进行数据通信。控制软件根据不同类型电机的特点，实现相应的控制算法。这些算法包括速度控制、转矩控制、位置控制等，以实现对电机的精确控制。驱动器微控制器将来自控制信号接口电路的电机控制信号转换为驱动功率变换器的驱动信号，并实现功率信号和控制信号的隔离。

功率变换模块用于对电机电流进行控制。在电动汽车中，常用的功率器件包括大功率晶体管、门极可关断晶闸管、功率场效应管、绝缘栅双极晶体管以及智能功率模块等。这些器件可以根据控制信号调整电流的大小和方向，从而实现对电机的精确控制。

驱动电机控制器接收来自电机传感器的信号，例如电机转速等，并将这些信号反馈到仪表盘上进行显示或者进一步控制。当需要进行制动或者加速时，控制器通过控制变频器的频率来实现加速或减速。

四、电机旋变传感器的结构与工作原理

1. 电机旋变传感器的结构

要实现电机的准确控制，需要实时了解转子的位置，以便调整电流和相位。为了确保电机在各种驾驶条件下表现出最佳性能，通常用旋变传感器

微课：电机旋变传感器
结构与工作原理

检测电机转子的位置和速度,将电机转子的旋转位置和速度信息转换成电信号,并提供给电机控制系统,系统以此准确控制电流和相位,实现对电机的精确控制。

旋转变压器通过电磁感应的原理实现转子位置的测量。如图 3.1-12 所示,在旋转变压器中,存在一个定子线圈和一个与转子同步旋转的信号磁环。当电动机的转子旋转时,信号磁环也会旋转,导致定子线圈中感应电压的变化。这个感应电压的变化与转子位置相关,通过对感应电压信号进行解码处理,就可以得到电动机的转子位置和转速信息。

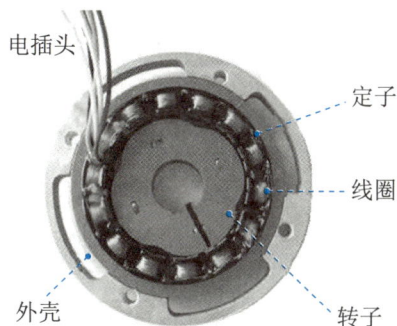

图 3.1-12　旋转变压器组成

旋转变压器具有很高的可靠性和充分的精度,能够提供准确的转子位置和转速反馈信息。这对于交流永磁同步电动机非常重要,因为电机的控制和调节需要准确的位置和速度信息。

然而,一些电动汽车也采用了霍尔式传感器来进行转子位置的测量。霍尔式传感器通过霍尔元件来检测磁场的变化,从而确定转子的位置。虽然旋转变压器是交流永磁同步电动机的首选传感器,但霍尔式传感器在某些应用中也具有一定的优势,例如更小的尺寸、更简单的结构和更少的成本等。

2.电机旋变传感器的特点

普通变压器的一次绕组和二次绕组都是相对固定的,变压比是常数。这意味着在普通变压器中,输入电压和输出电压之间的变压比是固定的,不随时间或其他因素的变化而改变。普通变压器通常用于将电压升高或降低,但其变压比在运行过程中保持恒定。

与普通变压器不同,旋变传感器是一种特殊的传感器装置,其一次绕组是固定的,而二次绕组可以旋转,因此变压比不是常数。这种设计使得旋变传感器能够测量输入电压和旋转的角度之间的关系。如图 3.1-13 所示,一次绕组通常称为励磁绕组,输入一个固定频率的正弦交流信号;二次绕组分为正弦绕组和余弦绕组,它们与输入电压的相位角度分别呈正弦和余弦关系。

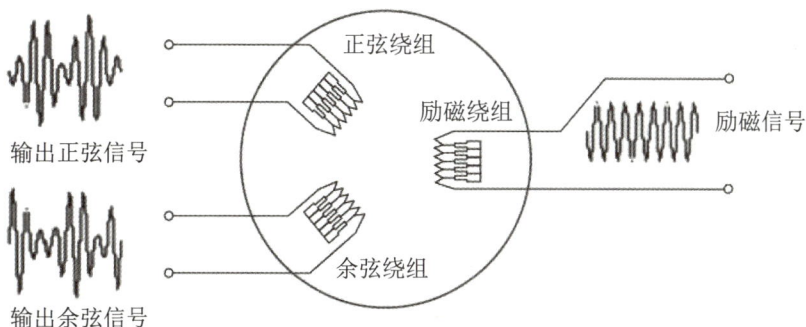

图 3.1-13　旋变传感器特点

由于二次绕组可以旋转,因此正弦绕组和余弦绕组的输出信号的幅值会不断变化,但与一次绕组输入的正弦信号频率保持一致。这些变化的幅值可以反映旋变传感器所测量的角度信息。

3. 电机旋变传感器的工作原理

定子是旋变传感器的固定部分,通过线圈或绕组实现。定子上的绕组实际上并不做机械旋转。转子安装在电机轴上,并与电机轴同步旋转。

转子是旋变传感器的动态部分,其中包含一个信号齿圈。信号齿圈是一个具有齿的导磁体,通常有 5 个齿。随着电动机轴的旋转,信号齿圈也会旋转。当励磁绕组通入固定频率的正弦交流电后,它在定子上产生一个旋转的磁场。

由于信号齿圈与转子同步旋转,磁场也沿圆周旋转。这个旋转的磁场会感应出绕在定子上的二次绕组中的正弦信号和余弦信号的幅值变化。正弦绕组和余弦绕组的输出信号与旋转物体的角度位置相关,因此可以通过测量这两个信号的幅值变化来确定电机转子的实时位置和速度。

驱动电机控制器从旋变传感器获取正弦信号和余弦信号,通过特定的算法处理和解析这些信号,从而感知电机转子的位置和转速。这样,控制器可以根据实时的位置和速度信息来控制电动机的运行状态,从而实现精确的运动控制和位置反馈。

五、电机温度传感器的结构与工作原理

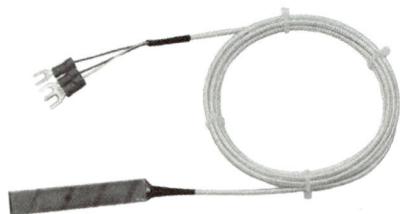

图 3.1-14　温度传感器

温度传感器用以检测驱动电机的温度,电机控制器用它的信号保护驱动电机,避免过热。如图 3.1-14 所示,温度传感器通常采用 PTC(positive temperature coefficient,正温度系数)热敏电阻,由热敏电阻元件、导线和外壳组成。

微课:电机温度传感器结构与工作原理

PTC 热敏电阻的工作原理基于半导体材料的电阻温度特性。随着温度的升高,半导体材料的电阻值增加。当这种材料制成电阻元件时,它的电阻随温度升高而增大。因此,当该电阻元件置于电机中并随电机温度变化时,其电阻值也会相应变化。通过测量电阻值的变化,可以推断电机的温度。以某车型的驱动电机温度传感器为例,该传感器在不同温度下的电阻如下:在 0 ℃时,电阻为 100 Ω;在 40 ℃时,电阻为 420 Ω;在 60 ℃时,电阻为 20 kΩ。

在早期的车辆设计中,驱动电机通常只配置一个温度传感器。然而随着技术的发展和对电机性能要求的提高,后期的车型往往在驱动电机的不同位置各配备至少一个温度传感器。这些传感器用于测量电机的绕组和定子铁心的温度。

多传感器配置有助于避免电机绕组因温度过高而导致绝缘损坏。通过监测不同位置的温度,车辆系统可以更精准地控制电机的工作状态,确保其在安全范围内运行。此外,通过监测永磁体的温度,还能够避免永磁体因温度过高而发生退磁,提高了电机的可靠性,并延长了其寿命。

六、线控驱动系统的验收标准

线控驱动系统的验收必须符合适用的法规和标准,确保系统满足设计要求,并提供高效、可靠的驱动性能。

目标车速通过加速踏板位置传感器等传感元件传输给 VCU。VCU 负责对所有输入信号进行分析和处理,如图 3.1-15 所示。其中包括加速踏板位置传感器的信号。它通过对这些输入信号进行综合分析,确定电机控制系统的运行状态,并将相关信息发送给 VCU。

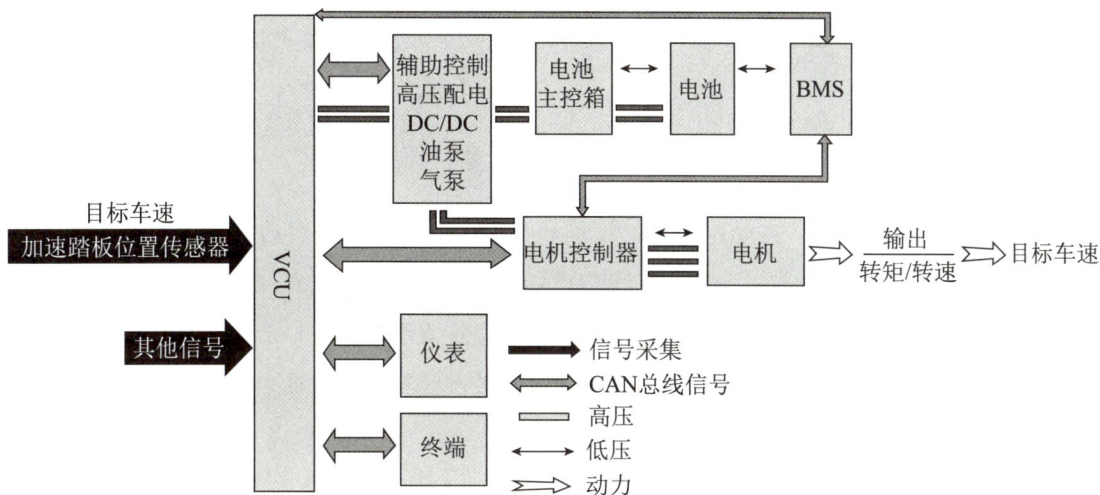

图 3.1-15   VCU 输入信号处理

加速踏板位置传感器是车辆的一个重要传感元件,用于检测驾驶员对加速踏板的控制,并将其转化为电信号。这个信号被传输给 VCU,提供了有关驾驶员意图和加速需求的信息。

VCU 在接收到加速踏板位置传感器信号等输入信号后,通过对这些信号进行处理和分析,确定目标车速以及相应的电机控制策略。VCU 还负责将相应的运行状态信息传送给其他系统或执行器,以调整车辆的动力系统。

1. 加速度阶梯变化测试

微课:加速度阶梯变化测试和 CAN 总线波形测试及数据分析

通过加速度变化测试曲线对线控驱动系统的性能进行测试(如图 3.1-16 所示),测试方法如下:

① 初速度。测试时,汽车的初速度为 0 km/h 或者怠速车速,这是确保从静止状态或者非运动状态开始测试的重要条件。

② 发送阶跃变化加速度指令。在测试中,向线控驱动系统发送了一个阶跃变化的加速度指令,即将加速度突然从 0 增加到 1 m/s²,这是为了模拟车辆需要加速的情况。

③ 记录参数。在测试过程中,记录 2 个主要参数:目标加速度,即测试中所期望的加速度,设定值为 1 m/s²;驱动加速度,即实际测得的汽车加速度。

④ 测试条件:测试在水平高附铺装路面和环境温度约为 25 ℃的条件下进行,以确保测试的

可重复性和可比性。

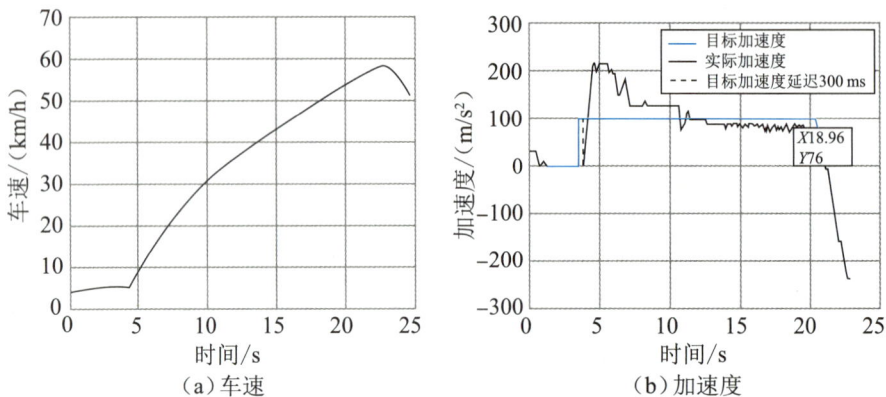

图 3.1-16　加速度阶梯变化测试

从测试曲线中可以看出,在加速度突然增加到 $1\ m/s^2$ 后,汽车的驱动加速度逐渐增加,并在一定时间后达到稳态。在稳态时,测得实际驱动加速度为 $0.76\ m/s^2$。

通过计算,可以得出稳态误差为 $0.24\ m/s^2$,这个误差值小于 $0.50\ m/s^2$。通常情况下,稳态误差小于规定的阈值表明系统的性能在一定范围内满足设计要求。在这个测试中,系统的性能看起来可以满足期望的加速度指令。

进行加速度为 $3\ m/s^2$ 的加速度变化测试(如图 3.1-17 所示),测试方法如下:

① 初速度。测试时,汽车的初速度为 $0\ km/h$ 或者怠速车速,确保从静止状态或者非运动状态开始测试。

② 发送阶跃变化加速度指令。在测试中,向系统发送了一个阶跃变化的加速度指令,即将加速度突然从 0 增加到 $3\ m/s^2$,以模拟车辆需要快速加速的情况。

③ 记录参数。在测试过程中,记录 2 个关键参数:目标加速度,即测试中所期望的加速度值,设定为 $3\ m/s^2$;驱动加速度,即实际测得的汽车加速度。

④ 测试条件:测试在水平高附铺装路面和环境温度约为 25 ℃ 的条件下进行,以确保测试的可重复性和可比性。

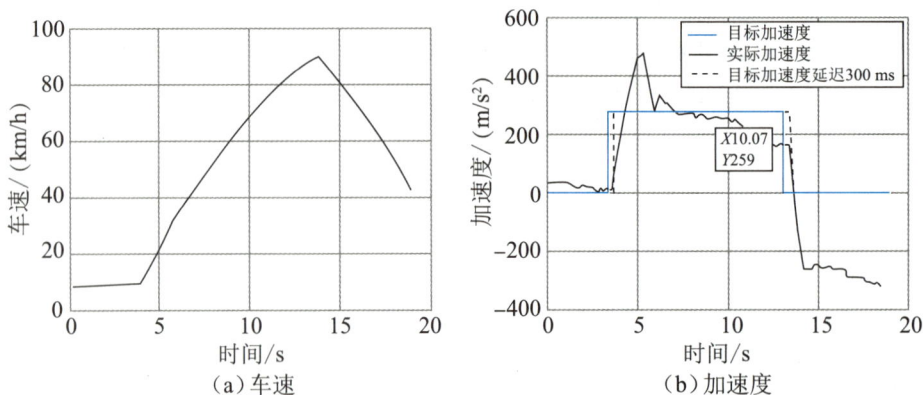

图 3.1-17　加速度阶梯变化测试

测试曲线显示,在加速度突然增加到 3 m/s² 后,汽车的驱动加速度逐渐上升,并在一定时间后达到了稳态。在稳态时,测得实际驱动加速度为 2.59 m/s²。

通过计算,可以得出稳态误差为 0.41 m/s²,这个误差小于 0.50 m/s²。通常情况下,稳态误差小于规定的阈值表明系统的性能在一定范围内满足设计要求。在这个测试中,系统的性能看起来可以满足期望的 3 m/s² 加速度指令。

2.CAN 总线波形测试及数据分析

目前,线控驱动系统一般通过高速 CAN 进行联网,为了确保系统的可靠性和稳定性,需要测试线控驱动系统的 CAN 总线波形。可以使用波形测试仪和上位机软件对线控驱动系统的 CAN 总线进行测试,并检查通信是否正常。具体步骤如下:

① 将线控底盘实训台架的点火开关置于 ON 挡,以提供电源给系统。

② 使用一个波形测试仪和示波器通道 1(CH1)和通道 2(CH2)来检测 CAN 总线的波形。确保连接正确,CH1 的测量端连接 CAN-H 线,搭铁线连接车身搭铁点;CH2 的两端连接 CAN-L 线,搭铁线也连接车身搭铁点。

③ 打开示波器开关,并选择显示 CH1 和 CH2 通道。通过调节幅值按键,将幅值设定为 2 V/div(div 代表格)。然后,通过调节周期按键,将周期设定为 0.05 ms/div,以确保能够捕捉到波形细节。这样设置后,示波器将以图形方式显示 CAN 总线波形。

④ 如果系统正常工作,示波器应该显示出 CAN 总线的波形,如图 3.1-18 所示。这些波形应该是有规律的信号,反映了 CAN 总线上数据的传输情况。

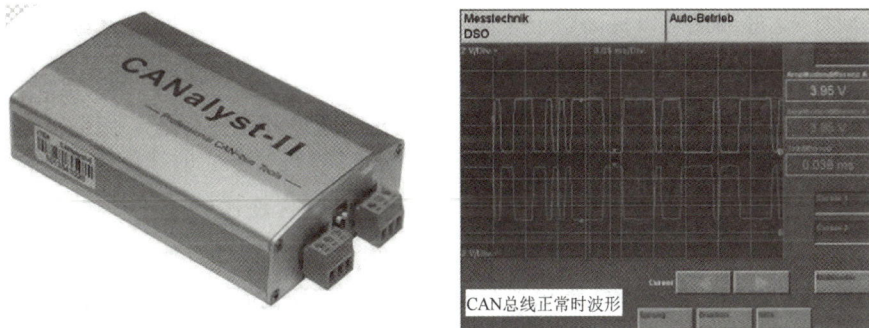

图 3.1-18 CAN 总线正常波形示意

⑤ 打开 CANtest 上位机软件,并设置波特率为 500 kbit/s。启用通道 0 以便读取 CAN 总线上的数据。

⑥ 在 CANtest 软件的"查看"菜单中,将数据显示格式调整为十六进制。如果能够在 CAN 总线上找到 ID 为 0x301、0x310、0x311 和 0x312 的四种报文,并且显示发送与接收状态正常,那么 VCU 与 MCU 之间的通信正常。

微课:转速控制测试和挡位控制测试

3.各部分控制测试

(1)线控驱动系统转速控制测试

通过测试控制系统对于转速设定的准确性、响应时间和稳定性,可以确保驱动电机能够按照要求稳定运行,并获得所需的输出动力。测试可以按照以下步骤进行：

① 将线控底盘实训台架的点火开关置于 ON 挡，以提供电源给系统。

② 断开 VCU 控制器的插接器，如图 3.1-19 所示，以便进行测试。确保 VCU 与线控系统分离，以便进行独立的转速控制测试。

③ 将 CAN 分析仪通过 USB 数据线连接到计算机上，确保连接稳定且正确。

④ 使用 CAN 分析仪的测量端口连接 CAN 总线预留的接口，或者使用无损探针将其连接到 MCU 的 CAN 线上。将红色测量线连接到 CAN-H 线上，将黑色测量线连接到 CAN-L 线上。

图 3.1-19　驱动电机控制器

⑤ 打开 CANtest 上位机软件，并设置波特率为 500 kbit/s。启用通道 0 以便读取 CAN 总线上的数据。

⑥ 使用 CANtest 软件发送转速调试报文。选择 ID 为 0x301（十六进制）的报文进行发送。将 Byte0 的数据设定为 A0（十六进制），并将测试所需的转速值转换为十六进制，并将转换后的值写入 Byte4、Byte5 字节中。设置发送周期为 30 ms。

⑦ 当转速稳定后，读取报文 0x311 中 Byte0、Byte1 的转速数据，该数据表示实际转速，将读取到的转速数据与目标转速进行比较，确保其差距在 ±5% 以内。

（2）驱动电机挡位控制测试

测试驱动电机挡位控制能够验证系统性能，保障驾驶安全，验证系统集成，检测与排除故障，以及确保合规性，这些测试可以提高整个驱动系统的可靠性、安全性和性能，为驾驶员提供更好的驾驶体验。可以按照以下步骤进行测试：

① 将线控底盘实训台架的点火开关置于 ON 挡，以提供电源给系统。

② 断开 VCU 的插接器，确保 VCU 与线控系统分离，以进行独立的挡位控制测试。

③ 将 CAN 分析仪通过 USB 数据线连接到计算机上，确保连接稳定且正确。

④ 使用 CAN 分析仪的测量端口连接 CAN 总线预留的接口，或者使用无损探针将其连接到 MCU 的 CAN 线上。将红色测量线连接到 CAN-H 线上，将黑色测量线连接到 CAN-L 线上。

⑤ 打开 CANtest 上位机软件，并设置波特率为 500 kbit/s。启用通道 0 以便读取 CAN 总线上的数据。

⑥ 使用 CANtest 软件发送挡位调试报文。选择 ID 为 0x301（十六进制）的报文进行发送。将 Byte6 的数据分别设置为 0x00（P 挡）、0x01（倒挡 R，反转挡）、0x02（N 挡）、0x03（D 挡，正转挡）。设置发送周期为 50 ms，以模拟不同挡位的控制信号。

学习活动 2　线控驱动系统调试

线控驱动系统中，各个单元之间需要一种高速、容错、低延时且基于时间触发的通信协议。目前主要采用的是时间触发 CAN（Time-Trigger Controller

微课：线控驱动系统通信原理（上）

Area Network,TTCAN)标准,它基于 ISO 11898-1 标准的 CAN 物理层来实现通信。TTCAN 提供了一套时间触发消息机制,可以在基于 CAN 的网络中建立控制环路,同时也显著提升了基于 CAN 的汽车网络的实时通信性能。这使各个单元能够以高效且可靠的方式进行通信,从而保证了线控驱动系统的顺畅运行。

1.线控驱动系统的通信架构

线控驱动系统的通信涉及多个方面,其中包括 VCU 向 MCU 发送的指令数据,以及 MCU 向 VCU 发送的关于电机和控制器的状态信息。通过这些通信,VCU 和 MCU 之间能够实现双向的数据交换,以确保驱动系统的稳定性、效率和安全性。这些通信信息对于实现精确的控制和监测至关重要,以确保线控驱动系统能够正常运行,并提供最佳的行驶性能。以下是通信内容的具体细节:

VCU 向 MCU 发送的指令数据有:

① 挡位指令:VCU 会发送挡位信息给 MCU,以指示所需的动力输出挡位,如前进、倒退、停车等;

② 转速或转矩指令:VCU 通过发送特定的转速或转矩数值,控制 MCU 输出的驱动电机的转速或转矩大小。

MCU 向 VCU 发送的状态信息有:

① 驱动电机温度:MCU 会测量驱动电机的温度,并将该信息发送给 VCU,以监测电机的运行状态;

② 实际转速与转矩:MCU 会测量驱动电机的实际转速和转矩,并将这些数据发送给 VCU,以供车辆控制和监测使用;

③ 驱动电机控制器温度:MCU 还会测量电机控制器的温度,并向 VCU 报告该信息,以确保控制器的正常工作状态;

④ 故障与过热信息:如果 MCU 检测到驱动电机或控制器存在故障或过热情况,它会将相应的警报信息发送给 VCU,以便采取适当的措施;

⑤ 电机旋转方向:MCU 会向 VCU 报告驱动电机的旋转方向,以确保车辆正常行驶;

⑥ 控制器的实际输入电压与电流:MCU 会监测驱动电机控制器的实际输入电压和电流,并将这些数据发送给 VCU,以供全面的系统监控和故障诊断。

2.CAN 总线的工作原理

CAN 总线系统由收发器、控制器、数据传输终端和数据传输线组成。这些组件共同构成了一种可靠的通信协议,用于实现数据在汽车和其他工业领域的传输。

(1)收发器

收发器是 CAN 总线系统的重要组成部分,其中收发器通常内置于控制器中,负责在控制器和总线之间进行信号转换。它将控制器发送的数据转换成适合在总线上传输的电信号,并将总线上的电信号转换为控制器可读取的数据。

(2)控制器

控制器是 CAN 总线系统的核心部分,负责控制数据的发送和接收,并进行相关的处理。通过收发器与总线进行通信,实现数据的传输和接收,能够解析接收到的数据并将其传递给相应的系统组件。

(3)数据传输终端

数据传输终端是置于总线末端的一个电阻器,也称为终端电阻。作用是抑制数据的回流,从而确保信息在总线上的有效传输。终端电阻的阻值要与总线特性阻抗相匹配,以确保信号的正确传输和数据完整性。

(4)数据传输线

为了有效抵抗共模干扰和减少对周围信号的影响,CAN 总线系统采用双绞线结构。双绞线由两根线组成,分为高位线和低位线。其中,一根线传输高位信号,另一根线传输低位信号。高位和低位信号是互为镜像的,它们通过差分电压的变化来表示传输的数据。通过采用双绞线结构和差分信号传输方式,CAN 总线系统能够提高抗干扰能力,保证数据传输的可靠性和稳定性。

3.人工驾驶模式下线控驱动系统的通信原理

在人工驾驶模式下,线控驱动系统中的通信主要发生在 VCU 和 MCU 之间。这种通信涉及 VCU 向 MCU 发送驱动指令以及 MCU 向 VCU 发送电机状态、电机控制器状态等反馈信息。通常情况下,VCU 和 MCU 之间的通信遵循特定的协议和参数设置。通信的波特率常为 500 kbit/s。此外,通信报文的格式通常采用 Motorola 格式,并且使用标准帧的帧格式。帧格式确定了报文中不同字段的排列方式以及各个字段的含义。

微课:线控驱动
系统通信原理(下)

(1)VCU 向 MCU 发送 CAN 报文协议

VCU 向 MCU 发送 CAN 报文协议如表 3.2-1 所示,报文 ID 为 0x301,报文周期为 100 ms,报文长度为 8 字节。

表 3.2-1 VCU 向 MCU 发送 CAN 报文协议

字 节		定 义	格 式
Byte0	bit0	电机控制器工作使能	0:未使能;1:使能
	bit1	电机控制器放电使能	0:未使能;1:使能
	bit2、bit3	控制模式	0:转速模式;1:转矩模式;2:无效
	bit4~bit7	预留	—
Byte1		预留	—
Byte2	低字节	踏板开度	有效值 0~1 000,精度 0.1%,物理量 0%~100%
Byte3	高字节		
Byte4	低字节	电机转速命令	电机转速命令值=踏板有效值×2.7
Byte5	高字节		
Byte6		挡位状态	0x00:P 挡;0x01:R 挡;0x02:N 挡;0x03:D 挡
Byte7		预留	—

（2）MCU 向 VCU 发送 CAN 报文协议

MCU 向 VCU 发送 CAN 报文协议 ID 有如下 3 个：

① 报文 ID 0x310，报文周期 200 ms，报文长度 8 字节，如表 3.2-2 所示：

表 3.2-2　MCU 向 VCU 发送 CAN 报文协议（报文 ID 0x310）

字节	定义	格式
Byte0	驱动电机状态	0x01 表示耗电状态，0x02 表示发电状态，0x03 表示关闭状态，0x04 表示准备状态，0xFE 表示异常，0xFF 表示无效
Byte1	驱动电机控制器温度	有效值范围 0～250，数值偏移量 －40，物理值 －40～210 ℃
Byte2	驱动电机温度	有效值范围 0～250，数值偏移量 －40，物理值 －40～210 ℃
Byte3	预留	—
Byte4	预留	—
Byte5	驱动电机故障数	精度 1，偏移 0，物理值 1～50
Byte6	驱动电机故障码	<table><tr><td>故障码</td><td>故　障</td><td>故障码</td><td>故　障</td></tr><tr><td>0x00</td><td>无故障</td><td>0x01</td><td>U 相过电流</td></tr><tr><td>0x02</td><td>V 相过电流</td><td>0x03</td><td>W 相过电流</td></tr><tr><td>0x04</td><td>硬件过电流</td><td>0x05</td><td>功率模块故障</td></tr><tr><td>0x06</td><td>母线过电流</td><td>0x07</td><td>母线过电压</td></tr><tr><td>0x08</td><td>母线欠电压</td><td>0x09</td><td>电机超速</td></tr><tr><td>0x0A</td><td>电机过载</td><td>0x0B</td><td>控制器过载</td></tr><tr><td>0x0C</td><td>电机过热</td><td>0x0D</td><td>控制器过热</td></tr><tr><td>0x0E</td><td>电机温度传感器故障</td><td>0x0F</td><td>控制器温度传感器故障</td></tr><tr><td>0x10</td><td>电机编码器故障</td><td>0x11</td><td>电机堵转故障</td></tr><tr><td>0x14</td><td>实时故障 1</td><td>0x15</td><td>相电流传感器故障</td></tr><tr><td>0x16</td><td>母线电流传感器故障</td><td>0x17</td><td>电机失控</td></tr><tr><td>0x1C</td><td>转向信号故障</td><td>0x1D</td><td>通信故障</td></tr></table>
Byte7	预留	—

② 报文 ID 0x311，报文周期 200 ms，报文长度 8 字节，如表 3.2-3 所示：

表 3.2-3　MCU 向 VCU 发送 CAN 报文协议（报文 ID 0x311）

字节		定义	格式
Byte0	低字节	驱动电机转速	有效值范围 0～65 531，数值偏移量 －20 000，表示 －20 000～45 531 r/min 最小计量单元：1 r/min
Byte1	高字节		0xFF，0xFE 表示异常；0xFF，0xFF 表示无效
Byte2	低字节	驱动电机转矩	有效值范围 0～65 531，数值偏移量 －20 000，表示 －20 000～4 553.1 N·m 最小计量单元：0.1 N·m
Byte3	高字节		0xFF，0xFE 表示异常；0xFF，0xFF 表示无效

续表

字 节		定 义	格 式
Byte4		电机旋转状态	0x01:电机反转(R挡);0x02:电机无转速(N挡);0x03:电机正转(D挡)
Byte5	bit0	—	—
	bit1	控制模式	0:转速模式(默认为转速模式);1:转矩模式
	bit2~bit5	—	—
	bit6、bit7	预留	—
Byte6、Byte7		预留	—

③ 报文 ID 0x312,报文周期 500 ms,报文长度 8 字节,如表 3.2-4 所示:

表 3.2-4　MCU 向 VCU 发送 CAN 报文协议(报文 ID 0x312)

字 节		定 义	格 式
Byte0	低字节	电机控制器输入电压	有效值范围 0~60 000,表示 0~6 000 V 最小计量单元:0.1 V 0xFF,0xEF 表示异常;0xFF,0xFF 表示无效
Byte1	高字节		
Byte2	低字节	电机控制器直线母线电流	有效值范围 0~20 000,数值偏移量-10 000,表示-1 000~+1 000 A 最小计量单元:0.1 A 0xFF,0xEF 表示异常;0xFF,0xFF 表示无效
Byte3	高字节		
Byte4~Byte7		预留	—

4.自动驾驶模式下线控驱动系统的通信原理

在自动驾驶模式下,线控驱动系统的联合调试通信主要存在于计算平台与 VCU 之间,包括计算平台向 VCU 发送的目标车速指令,以及 VCU 向计算平台发送的当前车速信息等。计算平台与 VCU 之间的通信波特率为 500 kbit/s,报文采用 Motorola 格式,帧格式为标准帧。

(1)计算平台向 VCU 发送 CAN 报文协议

计算平台向 VCU 发送 CAN 报文的协议如表 3.2-5 所示,报文 ID 为 0x110,报文周期为 100 ms,报文长度为 8 字节。

表 3.2-5　计算平台向 VCU 发送 CAN 报文协议

字 节		定 义	格 式
Byte0	bit0	轮廓灯	0:关闭;1:打开
	bit1	近光灯	0:关闭;1:打开
	bit2	倒车灯	0:关闭;1:打开
	bit3	喇叭	0:关闭;1:打开
	bit4	预留	—
	bit5	使能信号	0:未使能;1:使能
	bit6、bit7	挡位	0x00:P挡;0x01:R挡;0x02:N挡;0x03:D挡

续表

字　节		定　义	格　式
Byte1	低字节	目标车速	有效值范围:0~2 200(表示 0~220 km/h)
Byte2	高字节		最小计量单元:0.1 km/h 0xFF,0xFE 表示异常;0xFF,0xFF 表示无效
Byte3		预留	—
Byte4	低字节	转向角度	角度旋转到当前数值对应的角度(−720°~+720°)
Byte5	高字节		逆时针旋转为正,顺时针旋转为负,0°为对应中点位置
Byte6	bit0	制动使能	1:使能制动;0:不使能制动
	bit1~bit7	制动压力请求	压力行程请求,最大行程点 125,最小行程点为 0,单位为个(当前将行程分成 125 个点)
Byte7		预留	—

(2)VCU 向计算平台发送 CAN 报文协议

VCU 向计算平台发送 CAN 报文协议 ID 有如下 3 个:

① 涉及线控驱动系统数据的通信协议如表 3.2-6 所示,报文 ID 为 0x101,报文周期 100 ms,报文长度 8 字节。

表 3.2-6　VCU 向计算平台发送 CAN 报文协议(报文 ID 0x101)

字　节		定　义	格　式
Byte0	bit0、bit1	驾驶模式	0:人工控制模式(加速踏板+挡位);1:自动模式(线控);2:遥控器调试模式
	bit2~bit4	挡位	0x00:P 挡;0x01:R 挡;0x02:N 挡;0x03:D 挡
	bit5、bit6	车辆状态	0x00:正常;0x01:一级报警;0x02:二级报警;0x03:三级报警
	bit7	预留	—
Byte1	低字节	当前角度	角度旋转到当前数值对应的角度(−720°~+720°)
Byte2	高字节		逆时针旋转为正,顺时针旋转为负,0°为对应中点位置
Byte3		驱动电机状态	0x01:耗电;0x02:发电;0x03:关闭状态;0x04:准备状态;0xF:异常;0xFF:无效
Byte4	低字节	车速	有效值范围 0~2 200(表示 0~220 km/h)
Byte5	高字节		最小计量单元:0.1 km/h 0xFF,0xFE 表示异常;0xFF,0xFF 表示无效
Byte6	低字节	驱动电机转矩	有效值范围 0~65 531,数值偏移量−20 000,表示−20 000~4 553.1 N·m
Byte7	高字节		最小计量单元:0.1 N·m 0xFF,0xFE 表示异常;0xFF,0xFF 表示无效

② VCU 向计算平台发送 CAN 报文的协议 2 如表 3.2-7 所示,报文 ID 为 0x102,报文周期 100 ms。

表 3.2-7　VCU 向计算平台发送 CAN 报文协议（报文 ID 0x102）

字　节		定　义	格　式
Byte0		故障码 1	—
Byte1		故障码 2	—
Byte2		故障码 3	—
Byte3		故障码 4	—
Byte4	最低字节	累计里程	有效范围值 0～9 999 999，表示 0～999 999.9 km
Byte5	次低字节		最小计量单元：0.1 km
Byte6	次高字节		0xFF,0xFF;0xFF,0xFE 表示异常
Byte7	最高字节		0xFF,0xFF;0xFF,0xFF,表示无效

③ VCU 向计算平台发送 CAN 报文的协议 3 如表 3.2-8 所示，报文 ID 为 0x103，报文周期 100 ms。

表 3.2-8　VCU 向计算平台发送 CAN 报文协议（报文 ID 0x103）

字　节	定　义	格　式
Byte0	制动压力采样值	精度为 0.05 MPa，偏移量为 0，范围为 0～10 MPa
Byte1		—
Byte2	预留	—
Byte3	预留	—
Byte4	预留	—
Byte5	预留	—
Byte6	SOC	有效值范围：0～100，表示 0%～100% 最小计量单元 1% 0xFE 表示异常；0xFF 表示无效
Byte7	预留	—

学习活动 3　线控驱动系统故障检修

一、线控驱动系统电路图分析

线控驱动系统工作过程如图 3.3-1 所示，通常按照以下步骤运行：

① 起动钥匙启动：当打开起动钥匙时，车辆的电控单元 VCU 开始工作；

② 行驶信号接收：VCU 接收到来自驾驶人的指令和其他行驶信号，例如加速踏板信号，这些信号指示了车辆的行驶需求和驾驶人的意图；

③ 与动力电池系统通信：VCU 与动力电池系统中的 BCM（body control module，车身控制模块）进行通信。通过与 BCM 的交互，VCU 可以实现对动力电池的控制；

微课：线控驱动系统故障检修

④ 动力电池继电器控制:根据接收到的信号,VCU 控制动力电池的主正和主负继电器闭合(或打开),以便将高压电源输出到 MCU;

⑤ 驱动信号发送:VCU 向 MCU 发送驱动信号,这些信号指示 MCU 启动电机并控制其运行;

⑥ 电机监测:MCU 会使用电机温度传感器监测电机温度,确保电机工作在安全温度范围内,同时旋转变压器可用于检测电机的转速和转角。

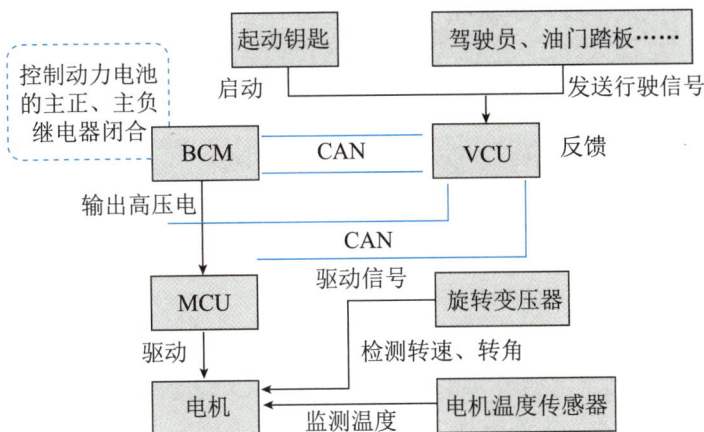

图 3.3-1　线控驱动系统工作流程图

电路图如图 3.3-2 所示:

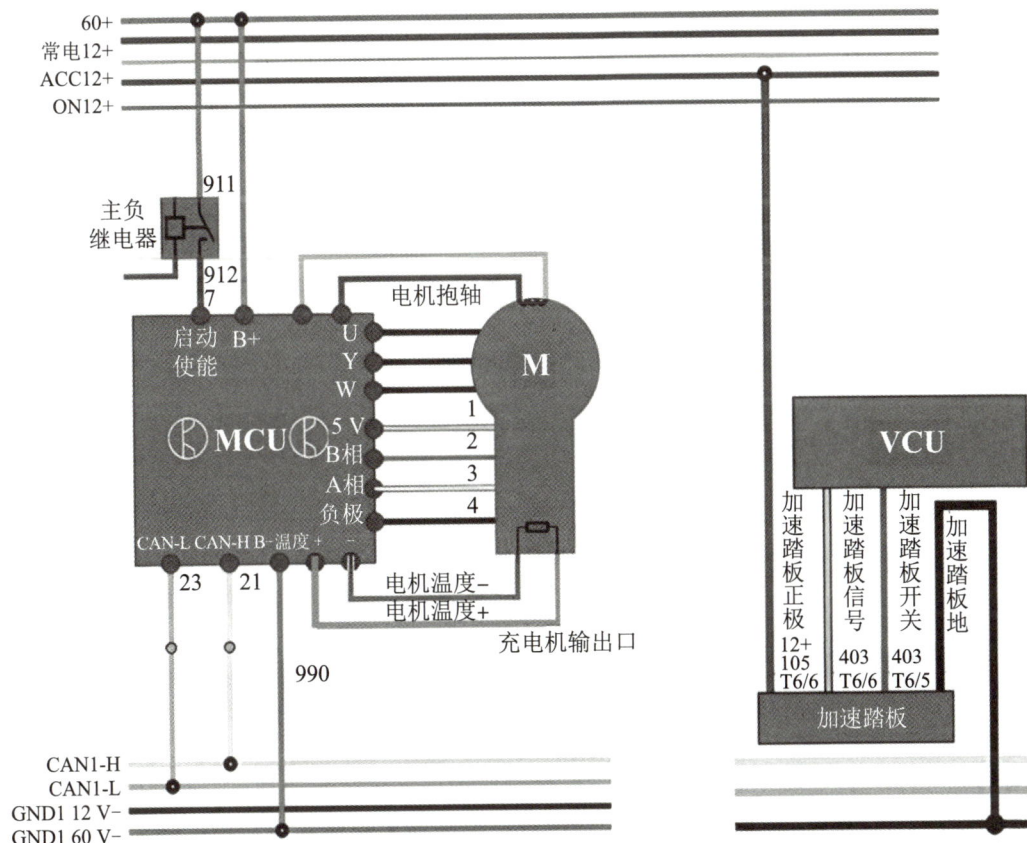

图 3.3-2　线控驱动系统部件插接器实物图

二、线控驱动系统插接器针脚定义

线控驱动系统的主要插接器包括旋变和抱轴端子、温度端子、高压端子、电机控制器 CAN 线和电源端子以及加速踏板端子等,如图 3.3-3 所示。

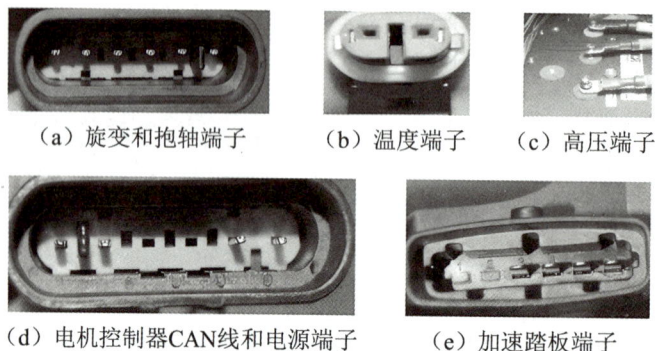

（a）旋变和抱轴端子　（b）温度端子　（c）高压端子

（d）电机控制器CAN线和电源端子　　（e）加速踏板端子

图 3.3-3　线控驱动系统部件插接器实物图

各个部件的插接器针脚定义如表 3.3-1 所示,这些定义对于线控驱动系统的正确安装和维护非常重要,以确保各个组件能够正常协作,从而实现车辆的顺畅运行。

表 3.3-1　线控驱动系统各部件插接器针脚定义

名　称	针脚编号	针脚定义	针脚编号	针脚定义
旋变和抱轴端子	1	5 V	2	旋变 B 相
	3	旋变 A 相	4	负极
	5	电机抱轴＋	6	电机抱轴－
温度端子	1	温度＋	2	温度－
高压端子	U	三相交流电 U 相	V	
	W	三相交流电 W 相	B+	CAN-H
	B—	高压 60—	—	负极
电机控制器 CAN 线和电源端子	1	—	2	
	3	负极	4	加速踏板信号
加速踏板端子	1	—	2	
	3	负极	4	加速踏板信号
	5	加速踏板开关	6	ACC＋

课程总结

本学习任务主要围绕车辆加速异常故障维修展开讲述。通过学习,学生将深入了解线控驱动系统的基础知识、线控驱动系统的通信原理以及相应的电路图分析。此外,学生还将学习线控驱动系统的调试操作,掌握故障检修的方法,并理解线控驱动系统部件插接器针脚的定义。本课程内容涵盖车辆加速异常故障维修的基础学习要领,目的在于帮助学生更好地理解新能源汽车线控驱动系统功能。

课堂小测

一、单选题

1.关于智能网联汽车的线控驱动系统,以下描述正确的是(　　)。

A.线控驱动系统仅用于实现车辆的加速功能

B.线控驱动系统通过机械连接实现对驱动电机的控制

C.线控驱动系统是智能网联汽车实现自动驾驶和智能化驾驶的关键部分

D.线控驱动系统不涉及车辆的制动和转向功能

2.以下哪个组件是线控驱动系统中负责将电能转换为机械能的?(　　)

A.动力电池系统　　　　　B.驱动电机　　　　　C.驱动电机控制器　　　　　D.传感器

3.在人工驾驶模式下,以下负责将车辆的行驶方向和速度信息发送给电机控制器(MCU)的单元是(　　)。

A.变速杆　　　　　　　　　　　　　B.加速踏板传感器

C.VCU(整年控制器)　　　　　　　　D.电机(M)

4.在人工驾驶模式下,电机控制器(MCU)如何控制电机的转向和转速?(　　)

A.通过调整变速杆信号　　　　　　　B.通过调整加速踏板传感器信号

C.通过调整电流和电压的输出参数　　D.通过直接操作机械传动装置

5.在线控驱动系统的通信中,以下描述正确的是(　　)。

A.VCU 向 MCU 发送电机和控制器的状态信息

B.MCU 向 VCU 发送指令数据

C.VCU 和 MCU 之间不进行任何通信

D.VCU 向 MCU 发送指令数据,MCU 向 VCU 发送关于电机和控制器的状态信息

二、多选题

1.下列选项中,属于线控油门系统的是(　　)。

A.液压助力转向系统　　　　　　　　B.加速踏板单元

C.电子控制单元　　　　　　　　　　D.节气门执行单元

2.智能网联汽车线控油门系统具有的优点是(　　)。

A.精确控制　　　　　　　　　　　　B.交通协同和路况优化

C.便捷维护　　　　　　　　　　　　D.成本低、环保

三、判断题

1.在选择自动驾驶模式时,计算平台在接收环境传感器的信号反馈后,判断车辆的行驶方向和速度等参数,然后通过 CAN 总线将这些信息发送给 VCU(车辆控制单元)。(　　)

2.传统的机械油门系统中,驾驶员通过踩下加速踏板来控制油门的开合程度,进而控制发动机输出的功率。(　　)

3.传统油门系统也称为机械油门系统或机械加速踏板系统,是用于控制燃油汽车加速和减速的系统。(　　)

4.在智能网联汽车的自动驾驶模式下,计算平台会直接控制驱动电机的转矩和转速。(　　)

四、填空题

1.作为线控驱动系统的核心,并负责接收和处理传感器的数据,根据驾驶人的驾驶意图生成相应的控制指令的结构是_____。

2.VCU经过计算后通过_____发送指令给_____,控制电机的转向和速度。

3.线控驱动系统中,各个单元之间需要一种高速、容错、_____且基于时间触发的通信协议,目前主要采用的时间触发CAN(TTCAN)标准是基于_____标准的CAN物理层来实现通信。

4.CAN总线系统由_____、控制器、_____和数据传输线组成。

学习任务 4
车辆制动拖滞故障维修

学习目标

1. 能认知线控制动系统的功能；
2. 能概述线控制动系统的结构与工作原理；
3. 能概述线控制动系统的通信原理；
4. 能认知线控制动系统的电路图；
5. 能概述线控制动系统部件插接器的针脚定义；
6. 能独立进行线控制动系统的拆装操作；
7. 能进行线控制动系统的调试操作；
8. 能进行线控制动系统的故障检测操作。

建议课时:50 课时

学习要求

序　号	学习活动	学习内容	学　时
1	线控制动系统拆装	线控制动系统的功能和分类	25
		线控制动系统的结构及工作原理	
		线控制动系统的特点	
		制动压力传感器检测	
		加速踏板位置传感器的结构及工作原理	
		线控制动系统的验收标准	
		iBooster 拆装步骤	

续表

序　号	学习活动	学习内容	学　时
2	线控制动系统调试	线控制动系统的通信原理	10
		制动系统排气	
3	线控制动系统故障检修	线控制动系统电路图分析	15

学习活动 1　线控制动系统拆装

一、线控制动系统的功能和分类

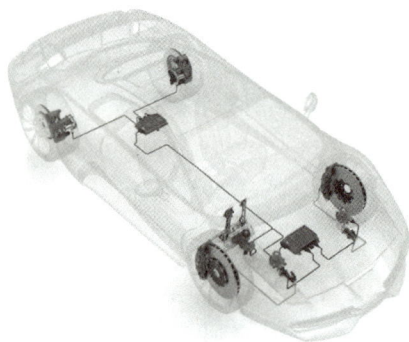

图 4.1-1　线控制动系统结构示意图

汽车制动系统（如图 4.1-1 示意图）是一系列专门装置，通过对汽车车轮施加一定的力，对车辆进行强制制动。制动系统的功能是根据驾驶人的要求使行驶中的汽车强制减速甚至停车，同时在各种道路条件下（包括在坡道上）稳定停车，并使下坡行驶的汽车速度保持稳定。

微课：线控制动系统功能和分类

智能网联汽车线控制动系统与传统汽车制动系统的功能相同，都是确保根据路况等条件进行强制减速直至停车。二者的不同之处在于在结构上发生了改变。智能网联汽车线控制动系统的输入接口（制动踏板）和执行机构（制动执行器）通过线控（电子信号）连接，没有直接的液压力或机械连接。换句话说，制动信号通过电子信号传输，而不是通过传统的液压或机械联动方式实现制动操作。这种改变是智能网联技术在汽车制动系统中的应用之一。

线控制动系统主要有以下两类：

① EHB（electronic hydraulic brake，电子液压制动）系统：在传统液压线控制动系统的基础上增加了 ECU（电子控制单元），ECU 接收传感器的输入信号，并通过电子方式控制液压系统的工作；

② EMB（electronic mehanical brake，电子机械制动）系统：将传统的液压部件替换为电子机械部件，通过电机或执行器来控制制动器的操作。

二、线控制动系统的结构及工作原理

1. EHB 系统

EHB 系统是在传统液压制动系统的基础上发展而来的。如图 4.1-2 所示，EHB 系统主要由液压控制模块、制动踏板模块、控制单元 HCU（hybrid control unit，混合动力控制单元，是 ABS 执行机构的核心部件）、制动器、各类传感器等组成：

微课：线控制动系统结构及工作原理

① 液压控制模块：主要包括电机、电机泵、蓄能器、单向阀、溢流阀、4 套结构

相同的增/减压电磁阀等;

②　踏板制动模块:主要包括制动踏板、踏板力传感器、踏板行程模拟器、主缸、电磁阀、储油杯等;

③　控制单元(HCU):接收制动踏板发出的信号、各类车辆状态信号以及反馈信号等,进行综合分析和判断,对进出液电磁阀分别进行调节,通过输入 PWM(pulse width modulation,脉冲宽度调节)控制信号给高速开关阀,从而控制各车轮上的制动压力。

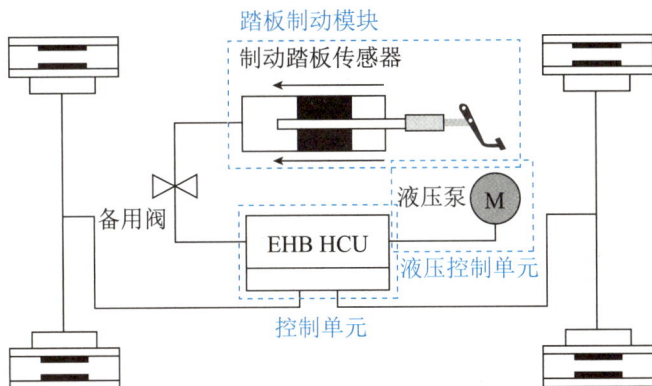

图 4.1-2　EHB 系统结构示意图

EHB 系统比较典型的产品有博世公司的 iBooster 系统,其结构如图 4.1-3 所示。

图 4.1-3　iBooster 系统结构示意图

以该产品为例,工作原理如图 4.1-4 所示。

①　制动踏板:驾驶员踩下制动踏板,制动踏板上的推杆或杆件移动;

②　制动主缸:当驾驶员踩下制动踏板时,制动主缸内的活塞受到推动,增加了内部的液体压力;

③　制动液体压力传递:制动主缸与车轮上的制动器之间通过液压管路连接,液体压力会沿着这些管路传递到各个车轮的制动器;

④　制动器:每个车轮上都有制动器,通常是制动盘和制动卡钳(或制动鼓和制动鼓鞋),制动液压力到达制动器后,它会施加在制动盘或制动鼓上;

⑤　制动摩擦:当制动液压力施加在制动盘或制动鼓上时,它会使制动盘或制动鼓与车轮旋转

的部分发生摩擦,这个摩擦力会减慢车轮的旋转,并最终使车辆停止。

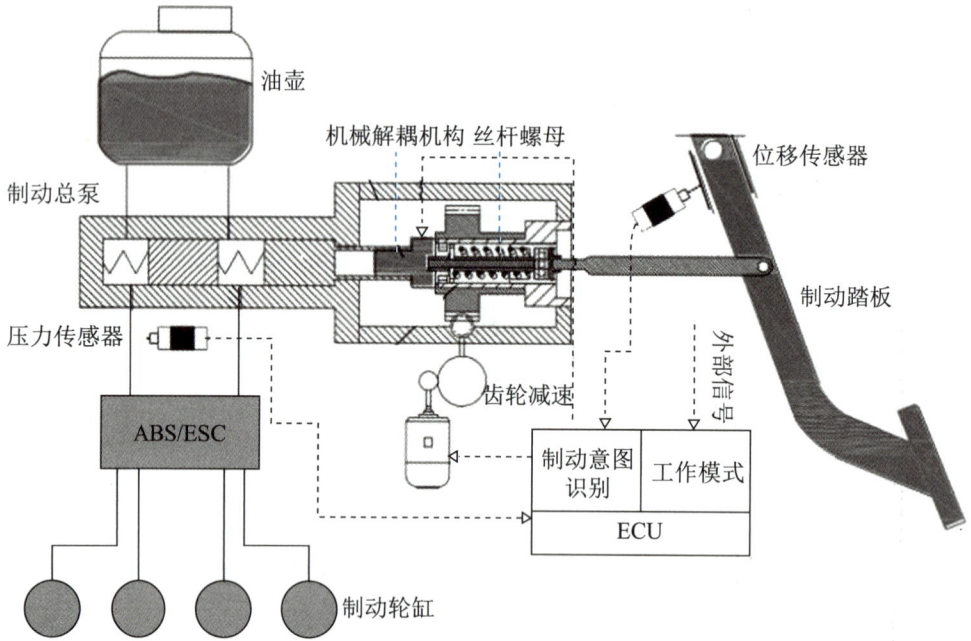

图 4.1-4　iBooster 系统工作原理

2.EMB 系统

EMB 系统完全摒弃了传统制动系统的制动液及液压管路等部件,由电机驱动制动器产生制动力,是真正意义上的线控制动系统。如图 4.1-5 所示,EMB 系统内没有液压驱动和控制部分,机械连接只存在于电机到制动钳的驱动部分,由导线传递能量,数据线传递信号。

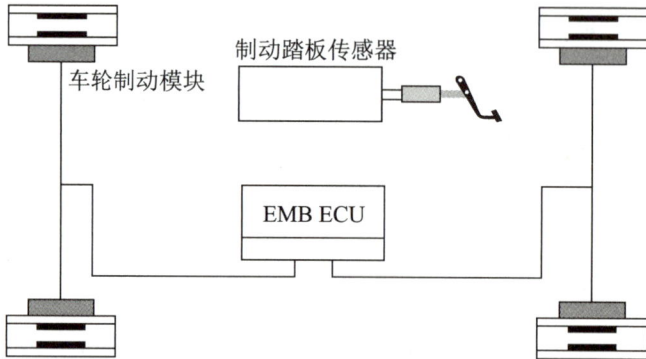

图 4.1-5　EMB 系统结构示意图

EMB 系统的工作原理如图 4.1-6 所示。当汽车需要减速时,驾驶员会踩下制动踏板,电子制动踏板上的制动踏板传感器检测出踏板加速度、位移以及踏板力的大小等制动信号,ECU 通过车载网络接收制动指令信号,综合当前车辆行驶状态下的其他传感器信号,并通过相应的意图识别算法识别出驾驶员的制动意图,计算出每个车轮各自实时所需的最佳制动力,4 个车轮独立的制动模块,接收 ECU 的输出信号后控制电机的转速完成扭矩响应,然后控制 EMB 执行器来产生相应的制动力以实现制动。

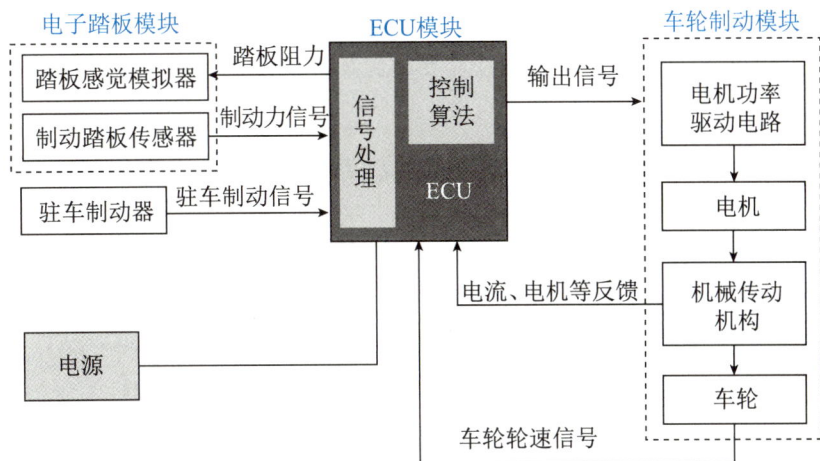

图 4.1-6　EMB 系统工作原理

三、线控制动系统的特点

微课:线控制动
系统特点

线控制动系统的功能和实现方式可能因车型和制造厂商的不同而有差异,随着技术的不断发展,新的功能和特点可能会不断出现,当前线控制动系统常见的功能特点有以下几点:

(1)制动力输出调节

线控制动系统可以精确调节制动力的输出。通过电子控制单元(ECU),系统可以感知驾驶员对制动踏板的力度,并根据需要调整制动力的大小和施加速度,以提供更准确的制动效果。这个功能可以使制动更加平稳,提高整体行车安全性和驾驶舒适性。

(2)辅助制动功能

线控制动系统可以与其他辅助制动功能结合使用,例如防抱死制动系统(anti-lock braking system,ABS)、牵引力控制系统(traction control system,TCS)和动态稳定控制(dynamic stability control,DSC)系统等。通过 ECU 的协调和配合,这些功能可以增强制动控制和安全性。ABS 可以防止车轮在制动时锁死,TCS 可以防止轮胎打滑,而 DSC 可以在动态驾驶情况下保持稳定性和控制性。

(3)制动能量回收

虽然并非所有的线控制动系统都具备制动能量回收功能,但制动能量回收功能可以与线控制动系统结合使用。制动能量回收是将制动过程中产生的动能转化为电能,并将其存储在电池或超级电容器中以供后续使用。这可以提高整体能量效率,降低能源消耗和排放。制动能量回收功能在混合动力或电动车辆中尤为重要。

(4)自动制动控制

部分线控制动系统还具备自动制动控制功能,例如自适应巡航控制(adaptive cruise control,ACC)和交通拥堵辅助制动(traffic jam assistant,TJA)等。这些功能利用传感器和车辆通信系统,监测车辆前方的行驶状况,并根据需要自动调节制动力,以保持安全距离或适应交通拥堵情况。例如,ACC可以自动调节车辆速度并在需要时施加制动力,以保持安全的车距。

四、制动压力传感器检测

1. 制动压力传感器的作用

制动压力传感器的作用是测量制动管路内的实际压力,它通常位于制动主缸或制动液压系统中,以便及时监测制动系统的工作状态。当驾驶员踩下制动踏板时,制动系统会通过制动主缸将液体推送到制动器(如制动盘或制动鼓)中,产生制动力。传感器会测量这个压力值,确保它在合适的范围内,以便安全有效地制动车辆。

微课:制动压力传感器的作用、结构和工作原理

2. 制动压力传感器的结构

制动压力传感器通常与液压控制单元集成在一起,以实现对制动系统的精确监测和控制。在这种集成结构中,制动压力传感器使用4个接触弹簧与控制单元连接。这4个接触弹簧具有不同的功能和连接方式,以实现传感器与控制单元之间的信号传输和供电,如图4.1-7所示。

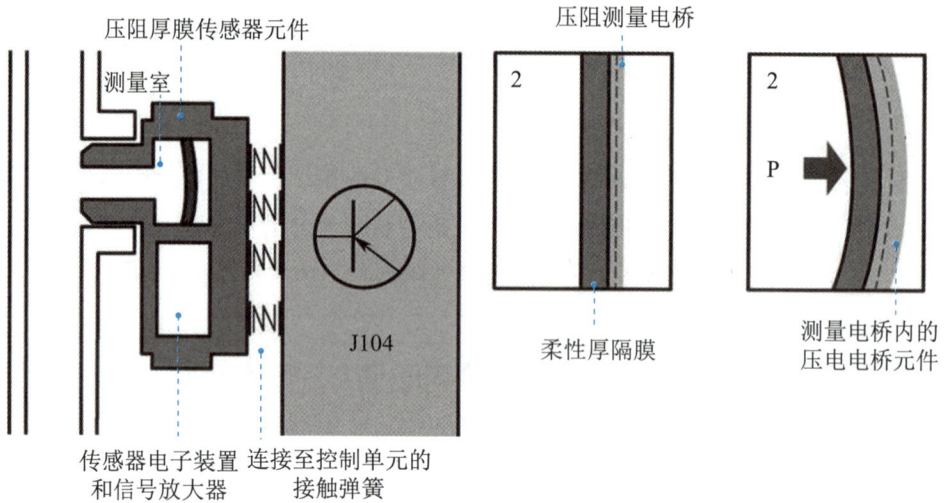

图 4.1-7 制动压力传感器结构

其中,两个触点用于供电,这些触点通常与车辆的电气系统连接,向传感器提供所需的电力。这样,传感器就能够正常运行并产生相应的输出信号。另外两个触点用于提供两个彼此独立的压力信号。这些触点与制动系统的液压管路相连,测量制动管路中的压力变化。通过独立的触点和信号,传感器能够同时监测并反馈来自不同位置或部件的压力信息,从而实现更准确的制动控制。

3. 制动压力传感器的工作原理

在制动压力传感器中,隔膜和与其连接的压阻测量电桥的长度会随着压力的增加而发生变化。当长度发生变化时,测量电桥内的压电电桥元件上会产生作用力,这些作用力会导致压电元件内部的电荷分布发生改变。当电荷分布发生变化时,压电电桥元件的电气特性也会发生改变。其电气信号与施加在传感器上的压力成正比,并且经过放大后作为传感器信号传输给控制单元。

当制动压力传感器失灵时,系统会将电子稳定性程序(electronic stability program,ESP)功能降级为防抱死制动系统(ABS)和电子制动力分配(EBV)功能。这意味着制动系统仍然可以正常工作,但可能会失去一些高级的稳定性控制能力。

制动压力传感器的核心部件是一个压电元件,它受到制动液的压力作用。当制动液的压力作用到压电元件上时,该元件上的电荷分布会发生改变。

没有压力作用时,电荷分布是均匀的。但当存在压力时,电荷分布在空间上发生变化,从而产生电压,如图 4.1-8 所示。随着压力增加,电荷分离的趋势加强,产生的电压也会增加。这个电压经过电子装置放大,最终作为信号传输给控制单元。因此,电压的高低直接反映出制动压力的大小。

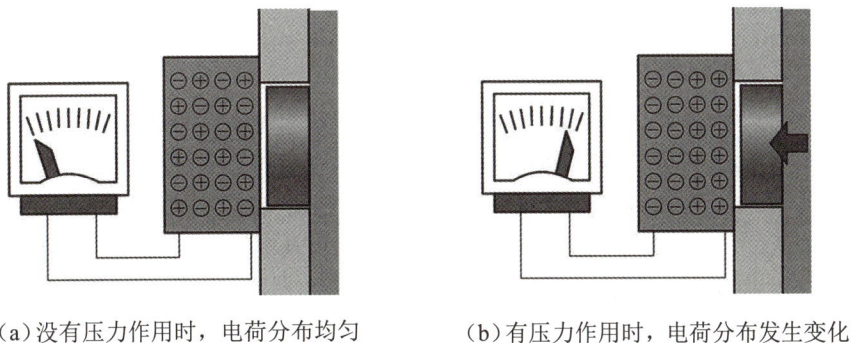

（a）没有压力作用时，电荷分布均匀　　　　（b）有压力作用时，电荷分布发生变化

图 4.1-8　制动压力传感器原理

4.制动压力传感器的检测方法

微课:制动压力
传感器的检测方法

制动压力传感器的正常工作对于实现精确的制动力分配、提供合适的制动力量非常重要,通过检测传感器,可以确保制动系统根据驾驶员的操作准确地调整制动力,及时发现故障并采取修复或更换措施,以确保制动系统的可靠性。

检测制动压力传感器主要有以下几个环节:

(1)检查连接线路

① 断开连接器:断开传感器所在的连接器,解除连接器的卡扣或螺钉,并轻轻拔出连接器。

② 外部检查:仔细检查连接器的外部,确保没有物理损坏,如裂缝、断裂或损坏的引导插座;还要检查连接器的外部是否存在腐蚀、氧化或污垢,因为这些问题可能影响电气连接的质量。

③ 内部检查:打开连接器,检查内部引脚和插座,确保没有松动、腐蚀或其他损坏。连接器内部应干净整洁,不应有涂层、锈蚀或发霉现象。

④ 电气连接:重新连接连接器,确保牢固、正确地插入,并且卡扣或螺钉已经正确锁定。

(2)测量电阻

① 找到传感器位置:找到制动压力传感器的安装位置,将车辆抬升并拆下传感器。

② 使用万用表:选择万用表的电阻挡位,并将两个电极针对准传感器密封面上的接触端。

③ 观察数值:观察万用表上的电阻值,确保在测量电阻之前,传感器已经正常使用并冷却。如果测量值与制造厂商提供的规格相符,传感器的电阻就在正常范围内。如果测量值明显偏离规格,可能需要修复或更换传感器。

(3)检查压力传感器输出信号

① 选择电压挡位:使用万用表,选择电压挡位,通常可选量程为 $0\sim20$ V。

② 连接测试电极:将万用表的两个测试电极分别连接到传感器的电源正极和电源负极。

③ 观察电压变化:当车辆进行制动时,观察万用表上的电压是否发生变化。如果电压有明显变化,表示传感器输出信号正常。

五、加速踏板位置传感器的结构及工作原理

1.加速踏板位置传感器的结构

加速踏板,也被称为油门踏板,是一种用于将驾驶员的指令转化为发动机转矩或电动机转速的物理设备。现代车辆大多采用电子加速踏板总成,其核心组件是加速踏板位置传感器。这种传感器模拟传统机械加速踏板的工作方式,并向 ECU 提供信号,将驾驶者的加速意图直接转化为电信号。

微课:踏板位置传感器
结构及工作原理

这个电信号经由传统汽车的发动机管理系统或电动车的 VCU 传递,可以迅速准确地实现驾驶者的意图。

在纯电动汽车中,动力系统由高压动力电池和驱动电机组成。加速踏板信号经过 VCU 的处理,通过 CAN 通信方式来控制电机的转矩或转速输出。

根据其结构原理的不同,加速踏板位置传感器主要分为接触式和非接触式两种类型。接触式加速踏板位置传感器通常使用可变电阻器或踏板上的移动滑片,通过接触电路的方式来检测踏板位置的变化。非接触式加速踏板位置传感器则采用基于磁场、光学或电容的技术,通过无接触的方式来检测踏板位置的变化。

2.加速踏板位置传感器的工作原理

(1)滑动触点传感器

对于典型的接触式加速踏板位置传感器(如图 4.1-9 所示),两个这样的传感器被安装在同一根轴上,其电阻值和传输到 VCU 的电压信号都会随着加速踏板位置的变化而变化。这些滑动触点传感器的起始电压都设定为 5 V。为了确保信号的可靠性和安全性,每个传感器都配备了独立的电源[如图 4.1-9(a)中②所示]、搭铁[如图 4.1-9(a)中③所示]和信号线[如图 4.1-9(a)中①所示]。输出信号以电压形式呈现,并在相应的数据块中以百分比形式显示,其中 5 V 等同于 100%。此外,为了保证信号的可靠性并满足自测功能的需求,在图 4.1-9(a)中,G185 位置还额外安装了串联电阻(R)。因此,这两个加速踏板位置传感器的电阻特性是不同的。在运行时,G185 传感器的电阻是 G79 传感器电阻的 2 倍。这种电阻特性差异导致了两个传感器输出信号的范围不同,其中 G79 的输出信号范围为 $12\%\sim97\%$,而 G185 的输出信号范围为 $4\%\sim49\%$。

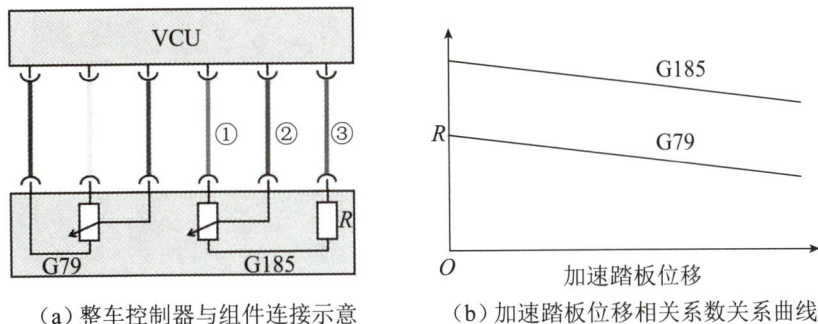

（a）整车控制器与组件连接示意　　（b）加速踏板位移相关系数关系曲线

图 4.1-9　接触式加速踏板位置传感器

（2）非接触式加速踏板位置传感器

非接触式加速踏板位置传感器常采用霍尔效应（芯片）式旋转位置传感器，如图 4.1-10 所示。在这种传感器中，霍尔 IC 芯片固定安装在加速踏板的芯轴上，而两个磁铁则安装在加速踏板的旋转部件上，随着加速踏板的运动而移动。为了确保信号的可靠性，在加速踏板的芯轴上安装了两个霍尔 IC 芯片，相当于具备了两个加速踏板位置传感器的功能。这样，在工作时，可以同时向 VCU 传送两个加速踏板的位置信号。

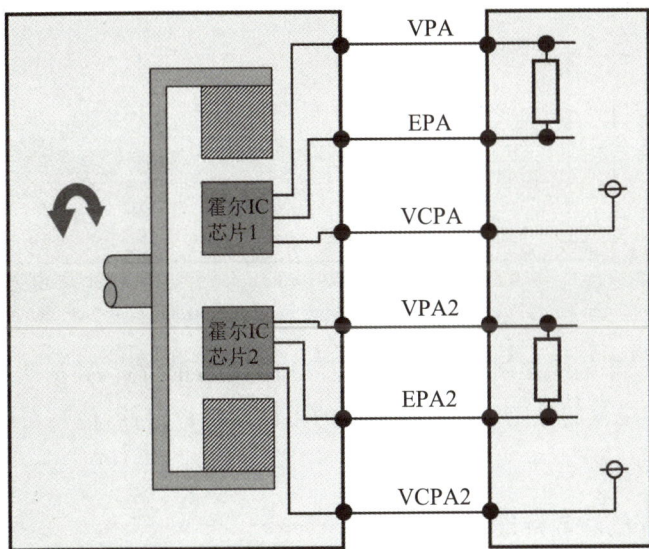

VPA—voltage-pulse amplifier，电压-脉冲放大器；EPA— electro-pneumatic amplifier，

电动-气动执行器；VCPA—voltage-controlled pulse amplifier，压控脉冲放大器

图 4.1-10　霍尔效应式旋转位置传感器

当使用这种非接触式加速踏板位置传感器时，可能会出现波形不稳定的现象。波形不稳定指的是波形在屏幕上左右移动、无法停止，或者出现多个波形交织在一起无法清晰显示和锁定波形的情况。这可能由传感器自身的干扰、电磁辐射或其他外部因素引起的。为了解决这个问题，可以采取一些干扰抑制措施，比如增加滤波器、电磁屏蔽等，以提高信号的稳定性和准确性。

某款电动车线控底盘加速踏板模块针脚定义如表 4.1-1 所示：

表 4.1-1 加速踏板模块针脚定义

端子号	定　义
1	未使用
2	未使用
3	电源负极
4	控制信号
5	开关信号
6	电源正极

通常情况下，非接触式加速踏板位置传感器的工作电压为(5±0.3)V，工作电流为 8 mA。这种传感器的输出信号电压值随着加速踏板行程的增大而增加，具体数值关系如图 4.1-11 所示：加速踏板行程为 0 时，输出信号电压为 $U_{\min}$；随着加速踏板行程逐渐增大，输出信号电压逐渐增加；当加速踏板行程达到最大值时，输出信号电压为 $U_{\max}$。

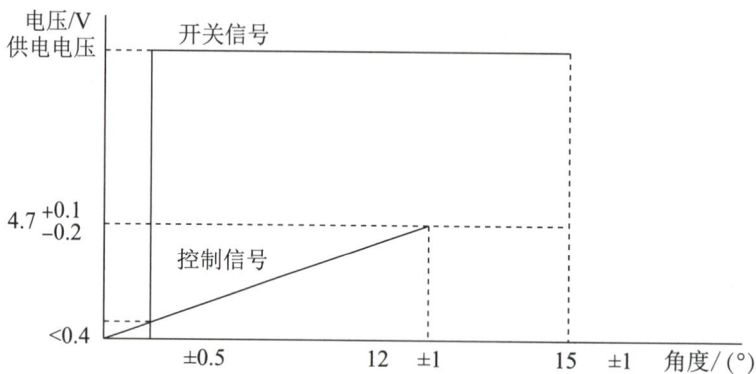

图 4.1-11 加速踏板模块电气特性

这种关系可以帮助车辆的控制系统准确地监测加速踏板的位置，并据此控制发动机的输出功率。同时，工作电压和电流的稳定确保了传感器的可靠性和稳定性，使其在不同的工作条件下都能正常运行。

六、线控制动系统的验收标准

通过进行线控制动系统的验收测试，将检查测试结果与预期的性能指标进行比较，可以确保车辆在紧急制动或日常行驶时保持安全，提高制动系统的效率、响应性，提升驾驶体验。线控制动系统的验收通常包括瞬态响应特性测试、小制动压力控制性能测试和制动释放时间测试。

微课：线控制动系统验收标准

1. 瞬态响应特性测试

为了测试线控制动系统的瞬态响应特性，可以通过输入阶跃形式的期望制动压力信号，分析系统的响应曲线。在分析过程中，主要考虑以下方面：

① 稳态误差:期望值与系统稳态值之间的差异,表示系统在稳定状态下与期望值之间的偏差。较小的稳态误差表示系统稳态响应更接近期望值,而较大的稳态误差表示系统在稳定状态下与期望值存在较大的差异。

② 超调量:响应曲线的最大峰值与稳态值之间的差异,表示系统响应在过渡过程中,瞬时值超过或未达到期望稳态值的程度。它通常用百分比表示,较小的超调量表示系统响应更接近期望值,而较大的超调量表示系统的响应出现明显的超过期望值或欠阶现象。

③ 稳定时间:从给出信号到系统达到稳定数值所需的时间。它表示系统从开始响应到趋于稳定所花费的时间。较短的稳定时间意味着系统更快地达到稳定状态,而较长的稳定时间则表示系统需要较长的时间稳定下来。

某车型(气压制动)进行瞬态响应特性测试,采用的阶跃期望制动压力为 0.20 MPa、0.25 MPa、0.30 MPa、0.35 MPa、0.40 MPa、0.45 MPa、0.50 MPa、0.60 MPa、0.70 MPa,测试结果如表 4.1-2~表 4.1-4 所示:

表 4.1-2　阶跃响应稳态误差

期望压力/MPa	实际压力稳态值/MPa	误差/%
0.20	0.211	5.5
0.25	0.253	1.2
0.30	0.293	2.4
0.35	0.340	3.0
0.40	0.380	3.8
0.45	0.435	3.3
0.50	0.485	3.0
0.60	0.620	3.3
0.70	0.609	1.4

表 4.1-3　阶跃响应超调量

期望压力/MPa	实际压力峰值/MPa	实际压力稳态值/MPa	超调量/%
0.20	0.215	0.211	1.9
0.25	0.260	0.253	2.8
0.30	0.348	0.340	2.4
0.40	0.397	0.385	3.0
0.45	0.458	0.435	5.2
0.50	0.510	0.485	5.2
0.60	0.680	0.620	9.7
0.70	0.700	0.690	1.5

表 4.1-4　阶跃响应稳定时间

期望压力/MPa	稳定时间/ms	期望压力/MPa	稳定时间/ms
0.20	344	0.45	355
0.25	365	0.50	345
0.30	354	0.60	356
0.35	351	0.70	351
0.40	359		

如图 4.1-12 所示,由试验数据分析可得:

① 阶跃响应稳态误差在期望压力为 0.20 MPa 时,误差较大。

② 阶跃响应稳态误差范围为 0～0.02 MPa。

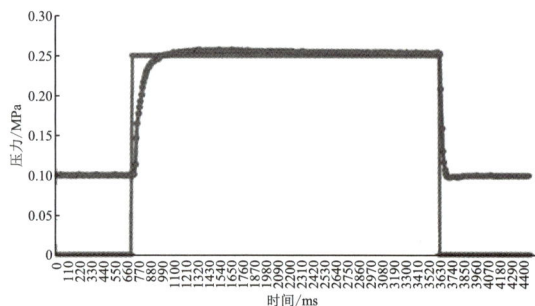

（a）制动系统阶跃响应曲线1　　　　　　（b）制动系统阶跃响应曲线2

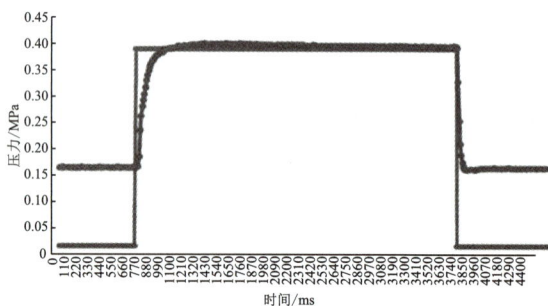

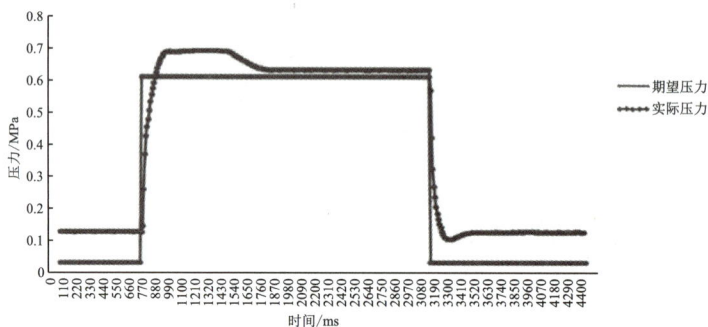

（c）制动系统阶跃响应曲线3

图 4.1-12　制动系统阶跃响应曲线

③ 阶跃响应在 0.6 MPa 时,超调量为 9.7％,其余情况下相对较小。

④ 阶跃响应稳定时间在 350 ms 左右,相对稳定。见表 4.1-4 数据得出

2.小制动压力控制性能测试

小制动压力是指汽车为了实现缓慢减速而施加的制动压力。对于气压制动车来说,一般认为制动压力在 0.1～0.2 MPa 之间;而对于液压制动车来说,制动压力在 1～5 MPa 之间可以被归类为小制动压力范围。

在这个小制动压力范围内,线控制动系统需要满足一定的控制精度要求。这意味着系统应能

够准确地控制制动压力在所需的小制动压力范围内稳定工作,以实现车辆的缓慢减速目标。

控制精度的要求包括制动压力的稳定性和精确性。稳定性要求系统能够维持制动压力在小制动压力范围内的稳定性,避免不必要的波动或漂移。精确性要求系统能够准确控制制动压力在所需的小制动压力范围内,以满足车辆减速的要求。

对于线控制动系统,确保控制精度满足要求是至关重要的,特别是在小制动压力范围内的操作。这可以通过合适的传感器、控制算法和执行器设计来实现。系统需要准确感知和测量制动压力,并能够根据需求精确控制制动力的大小。这可以通过有效的反馈控制、压力调节和灵敏的系统响应来实现。

某车型(气压制动)进行小制动压力控制性能测试,采用的阶跃期望制动压力为 0.12 MPa、0.14 MPa、0.16 MPa、0.18 MPa、0.20 MPa,测试结果如表 4.1-5 所示。由试验数据分析可得:该系统的小制动压力控制误差较小。

表 4.1-5　小制动压力控制稳态分析　　　　　　　　　　　　　　　单位:MPa

期望压力	实际压力稳态值	精　　度
0.12	0.128	0.008
0.14	0.147	0.007
0.16	0.165	0.005
0.18	0.188	0.008
0.20	0.210	0.010

3.制动释放时间测试

制动释放时间测试是通过向线控制动系统输入阶跃形式的期望制动压力来分析系统的制动释放时间。该测试的目的是确定从发出制动指令到制动压力反馈降至 0.1 MPa 所需的时间。这个时间指标对于评估制动系统的性能和响应速度非常重要。

通过输入阶跃信号,制动系统接收到制动指令并开始施加制动压力,然后通过监测制动压力的反馈信号,确定在多长时间内制动压力降至 0.1 MPa,这个时间通常被称为制动释放时间。

某车型(气压制动)进行制动释放时间测试,制动压力为 0.2 MPa、0.3 MPa、0.4 MPa、0.5 MPa、0.6 MPa、0.7 MPa 时,其制动释放时间(从发出指令到反馈的制动压力为 0.1 MPa 的时间)测试结果如表 4.1-6 所示。

表 4.1-6　制动压力释放时间测试结果

期望压力/MPa	释放时间/ms	期望压力/MPa	释放时间/ms
0.2	65	0.5	95
0.3	74	0.6	115
0.4	80	0.7	140

七、iBooster 拆装步骤

1.储液罐总成拆装

（1）储液罐总成拆卸

① 拆下前舱装饰盖；

② 断开蓄电池负极；

③ 将抹布放置在制动主缸和储液罐总成下面以吸收溢出的油液；

④ 断开制动储液罐液位传感器连接器 2，如图 4.1-13 所示；

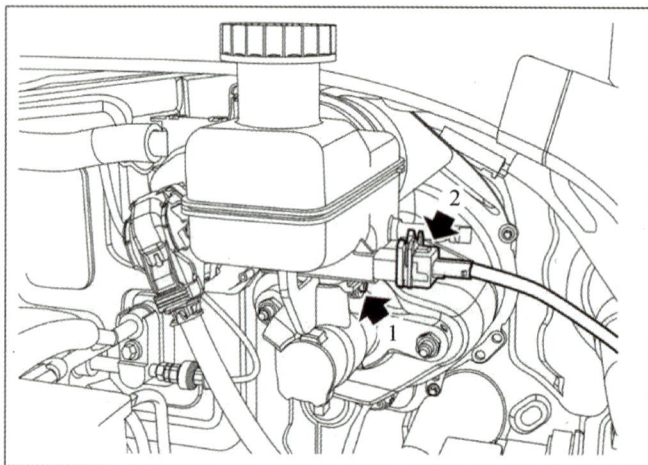

图 4.1-13　储液罐总成拆卸图示

⑤ 拆下制动储液罐到制动主缸上的 1 个螺栓(图 4.1-13 中 1)，并废弃；
注意：制动液会损坏油漆。如果油液溢出，立即清除油液并用水清洁该区域。

·⑥ 从车上拆下制动储液罐总成。

（2）储液罐总成安装

① 将制动储液罐定位到制动主缸上，装上一个新的螺栓，拧紧到 6～8 N·m；

② 连接制动储液罐液位传感器连接器；

③ 将吸收溢出油液的抹布拿走，并处理干净；

④ 连接蓄电池负极；

⑤ 装上前舱装饰盖；

⑥ 制动系统排空。

2.制动主缸拆装

（1）制动主缸拆卸

① 拆下储液罐总成；

② 松开制动主缸上的制动硬管接头螺母(图 4.1-14 中 1)，并断开连接，如图 4.1-14 所示；

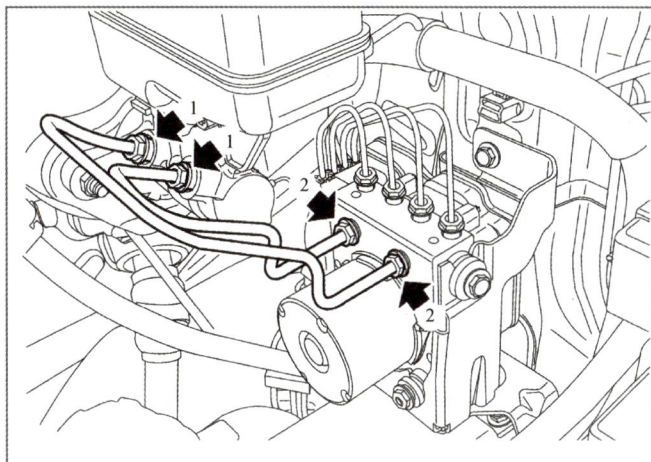

图 4.1-14　制动主缸拆卸图示(1)

③ 拆下将制动主缸固定在电子真空助力器上的 2 个螺母(如图 4.1-15 箭头所指);

注意:在断开或拆下制动管路之前,确保管路周围的中间区域和连接处的清洁。塞上被打开的连接接头以防止污染物进入。

④ 从车上取下制动主缸。

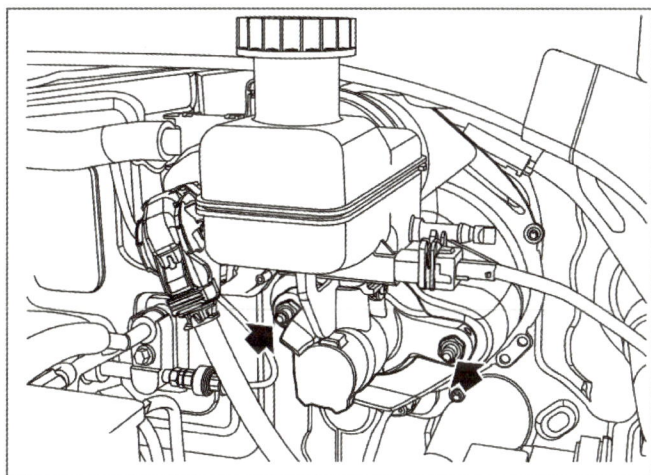

图 4.1-15　制动主缸拆卸图示(2)

(2)制动主缸安装

① 将制动主缸定位到电子真空助力器上,装上 2 个螺母,拧紧到 17~23 N·m;

② 将主缸制动硬管定位到制动主缸上,拧紧制动硬管接头螺母到 15~19 N·m;

③ 装上储液罐总成。

3.电子液压助力器总成拆装

(1)电子液压助力器总成拆卸

① 拆下前舱储物盒;

② 断开蓄电池负极;

③ 拆下驾驶员侧下饰板总成；

④ 拆下连接制动助力器与制动踏板的 4 个螺母（如图 4.1-16 箭头所指）；

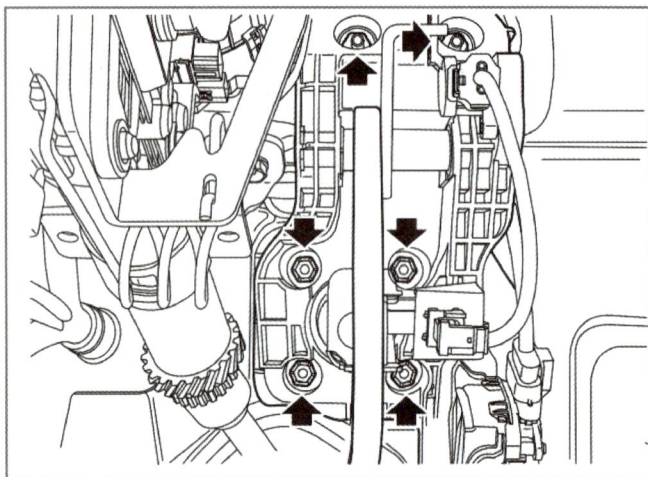

图 4.1-16　电子液压助力器总成拆卸图示(1)

⑤ 将抹布放置在电子液压助力器总成下面以吸收溢出的油液；

⑥ 松开制动主缸上的制动硬管接头螺母（图 4.1-17 中 1），并断开连接；

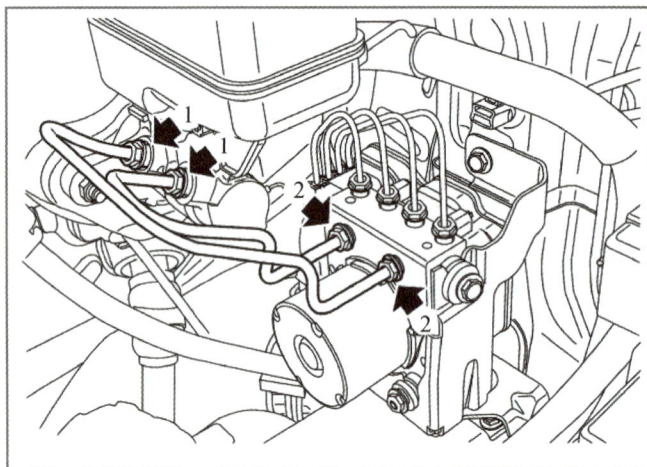

图 4.1-17　电子液压助力器总成拆卸图示(2)

⑦ 断开电子液压助力器上的线束连接器 1、2 和制动储液罐液位传感器连接器，如图 4.1-18 所示；

⑧ 断开连接电子液压助力器总成与制动踏板的推杆锁止器，并废弃；

⑨ 拆下电子液压助力器总成。

(2)电子液压助力器总成安装

① 将电子液压助力器总成定位到车身上；

② 取新的制动踏板推杆锁止器，将制动踏板连接到助力器推杆上；

③ 连接电子液压助力器上的线束连接器和储液罐液位传感器连接器；

④ 连接制动主缸上的制动硬管接头螺母；

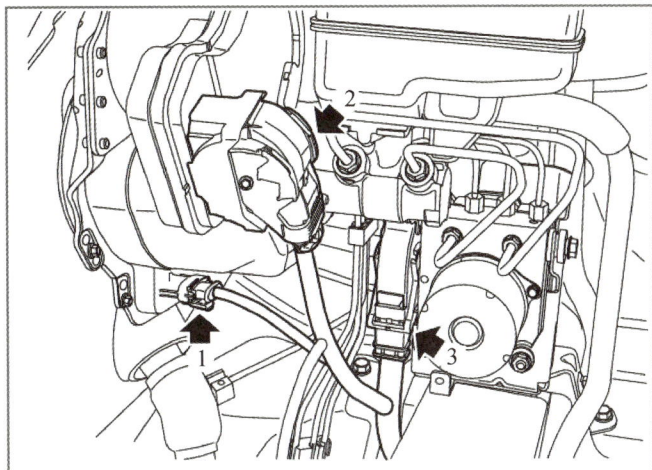

图 4.1-18　电子液压助力器总成拆卸图示(3)

⑤ 将吸收溢出油液的抹布拿走，并处理干净；

⑥ 连接制动助力器与制动踏板的 4 个螺母，并拧紧到 19～25 N·m；

⑦ 安装驾驶员侧下饰板总成；

⑧ 连接蓄电池负极；

⑨ 安装前舱储物盒。

学习活动 2　线控制动系统调试

一、线控制动系统的通信原理

微课:线控制动
系统调试

　　智能网联汽车的线控制动系统中，通信主要包括 VCU 向 EHB-ECU 控制模块发送的制动指令，以及 EHB 控制模块向 VCU 发送的制动行程、制动压力、轮速等相关信息，这两个单元之间的通信是确保车辆制动系统运行顺畅和安全的重要环节。

　　为了保证通信的有效性，VCU 和 EHB-ECU 之间的通信速率被设定为500 kbit/s，每秒可以传输 500 000 个二进制位的数据。此外，为了确保数据的准确性和可靠性，通信所用的信息编码和解码采用了 Motorola 格式，通信报文则采用标准帧的格式，其中包括起始位、标识符、数据内容以及校验位等。

　　VCU 向 EHB-ECU 发送 CAN 报文的协议如表 4.2-1 所示。

　　① Byte0:用于设置外部制动压力请求和压力行程请求。在该字节中，行程被分为 125 个点，最大行程点为 125，最小行程点为 0。例如，如果根据当前车速和制动请求信号综合计算，制动行程为 100，那么 Byte0 为 0x64。

　　② Byte1:用于设置制动指令信号。其中，bit0 用于设置制动使能。当 bit0 为 0 时，EHB-ECU不启动；当 bit0 为 1 时，EHB-ECU 启用信号。bit4～bit7 可用于设置 EHB 工作模式请求。当

bit4～bit7 为 3 时,EHB 进入准备就绪模式;当 bit4～bit7 为 7 时,EHB 进入运行模式。其余 3 位是预留位,默认值为 0。

③ Byte3:用于设置制动模式和 VCU 工作状态信号。其中,bit2 用于设置驾驶模式,0 表示人工驾驶(包括遥控器模式),1 表示自动驾驶。bit4、bit5 用于设置 VCU 工作状态信号,0 表示未初始化状态,1 表示工作可靠状态,2 表示降级功能受限状态,3 表示故障。bit6～bit7 用于设置钥匙使能信号,0 表示 OFF,1 表示 ACC,2 表示 ON,3 表示 CRANK(启动)。其余 3 位是预留位,默认值为 0。

④ Byte7 用于设置 VCU 的生命信号。其中,bit0～bit3 可设置生命信号。其余 4 位是预留位,默认值为 0。

⑤ Byte2、Byte4、Byte5、Byte6 是预留字节,它们的默认十六进制值都是 0x00。

表 4.2-1　EHB 模块向 EHB-ECU 发送报文的协议(ID 0x364,周期 200 ms)

字　节		定　义	格　式
Byte0		外部制动压力请求	最大行程点 125,最小行程点为 0,单位为个(当前将行程分成 125 个点)
Byte1	bit0	制动使能	0:EHB 未起动;1:EBS 使能
	bit1～bit3	预留	—
	bit4～bit7	EHB 工作模式请求	3:就绪;7:Run
Byte2		预留	—
Byte3	bit0、bit1	预留	—
	bit2	驾驶模式	0:人工(包括遥控器模式);1:自动
	bit3	预留	—
	bit4、bit5	VCU 工作状态信号	0:未初始化;1:可靠的;2:降级;3:故障
	bit6、bit7	钥匙使能信号	0:OFF;1:ACC;2:ON;3:CRANK
Byte4		预留	—
Byte5		预留	—
Byte6		预留	—
Byte7	bit0～bit3	生命信号	—
	bit4～bit7	预留	—

EHB-ECU 向 VCU 发送 CAN 报文的协议如表 4.2-2 所示。

① Byte0:用于反馈制动踏板开合度,制动踏板的有效行程范围为 0～100,表示 0%～100%。

② Byte1:用于反馈制动灯信号和工作状态等信息。其中,bit2 表示制动灯信号——当 bit2 为 0 时,表示无效;当 bit2 为 1 时,表示有效。bit4～bit6 表示 EHB-ECU 的工作状态——当 bit4～bit6 为 1 时,表示初始化;当 bit4～bit6 为 2 时,表示备用;当 bit4～bit6 为 3 时,表示就绪;当 bit4～bit6 为 6 时,表示 Run(启用);当 bit4～bit6 为 7 时,表示失效;当 bit4～bit6 为 8 时,表示关闭。其余 4 位为预留位,默认为 0。

③ Byte3:用于反馈外部制动请求响应状态和制动踏板状态。其中,bit2 表示外部制动请求信

号来源——当 bit2 为 0 时,表示踏板;当 bit2 为 1 时,表示 CAN 总线。bit5 表示仪表警告灯状态,当 bit5 为 0 时,表示闲置;当 bit5 为 1 时,表示有效。bit6 表示制动踏板状态——当 bit6 为 0 时,表示闲置;当 bit6 为 1 时,表示被踩下有效。bit7 表示制动踏板被踩下的有效性,当 bit7 为 0 时,表示闲置——当 bit7 为 1 时,表示被踩下有效。其余 4 位为预留位,默认为 0。

④ Byte4:用于反馈故障码 1,各故障码对应的具体故障详见表 4.2-2。

⑤ Byte5:用于反馈故障码 2,各故障码对应的具体故障详见表 4.2-2。

⑥ Byte7:用于反馈生命信号,其中 bit0～bit3 可反馈生命信号,其他 4 位为预留位,默认为 0。

⑦ Byte2 和 Byte6 为预留字节,默认值为 0x00。

表 4.2-2   EHB-ECU 向 VCU 发送报文的协议(ID 0x289,周期 100 ms)

字　节		定　义	格　式					
Byte0		制动踏板开合度	制动踏板制动行程有效值范围:0～100(表示 0%～100%)					
Byte1	bit0、bit1	预留	—					
	bit2	制动灯信号	bit2 为 0:无效;bit2 为 1:有效					
	bit3	预留	—					
	bit4～bit6	工作状态	1:初始化;2:备用;3:就绪;6:Run;7:失效;8:关闭					
	bit7	预留	—					
Byte2		预留	—					
Byte3	bit0、bit1	预留	—					
	bit2	外部制动请求响应状态	0:踏板;1:CAN 总线					
	bit3、bit4	预留	—					
	bit5	仪表警告灯状态	0:闲置;1:有效					
	bit6	制动踏板是否被踩下	0:闲置;1:有效					
	bit7	制动踏板被踩下是否有效	0:闲置;1:有效					
Byte4		故障码 1	故障码	故　障	故障码	故　障	故障码	故　障
			0x00	无故障	0x01	欠电压	0x02	过载
			0x04	过电压	0x05	U 相故障	0x06	V 相故障
			0x07	W 相故障	0x08	过电流	0x09	堵转保护
Byte5		故障码 2	故障码	故　障	故障码	故　障	故障码	故　障
			0x00	无故障	0x01	欠电压	0x02	通信超时故障
			0x04	自学习故障	0x08	12 V 电源故障	0x10	自检故障
			0x20	预留	0x40	预留	0x80	点火信号故障

字 节		定 义	格 式
Byte6		预留	—
Byte7	bit0～bit3	—	—
	Bit4～bit7	—	—

二、制动系统排气

制动系统在更换完管路中的制动液，或者拆解过制动管路后，必须进行制动系统排气操作，排放步骤如下：

① 准备汽车。将汽车停放在一处平面上。自动换挡汽车应调至"停车"(Park)挡，而手动换挡汽车应调至空挡。寻找一个安全的地点停放汽车，以方便接下来的工作。

微课：线控制动系统排空气作业

② 寻找制动液贮存箱。制动液贮存箱或主缸储液罐位于车罩下。想要找到制动液贮存箱，必须打开车罩，寻找一个小容器。它通常是浅色容器，带有黑色盖子，且位于驾驶侧。

③ 排气工作必须由两人配合完成，一人在驾驶室连续踩制动踏板数次，直到踏板变硬踩不下去为止，然后踩住不动。

④ 接上专用软管。按先远后近的次序，从离制动缸最远的制动器（通常是右后轮分泵）开始放气。找出制动管路的放气螺钉，将透明软管的一端连接到放气螺钉的接头螺纹上。将软管另一端浸入数厘米高的干净制动液里。需要把软管浸在干净的制动液里，以免空气被吸入制动系统。

⑤ 另一人在车下，将放气螺钉旋松，让空气与一部分制动液排出（为避免制动液溅洒，应用透明橡胶管一端接放气螺钉，一端接盛液器），待踏板降低到底时拧紧放气螺钉，松开踏板。

⑥ 重复①～④步 15 次以上，直到放气螺钉处排出的全是制动液为止。

⑦ 检查并拧紧所有放气螺钉。检查并加注主缸制动液位到标准线。

⑧ 在其他轮胎的分泵上重复以上步骤。在其他三个制动管路上重复以上所有步骤，依序为左后、右前、左前，直到制动液没有气泡。

⑨ 测试汽车制动器，清理溢出的制动液。将车辆开至空旷地带，进行行车制动测试。

学习活动 3　线控制动系统故障检修

EHB 系统的工作过程较为复杂，涉及多个组件和传感器的协同工作，电路图如图 4.3-1 所示。当启动车辆时，EHB 控制器开始工作，通过接收来自环境感知传感器、路测设备、云平台等的制动请求，能够即刻计算所需的制动力，并采取相应的制动措施。

微课：线控制动系统故障检修

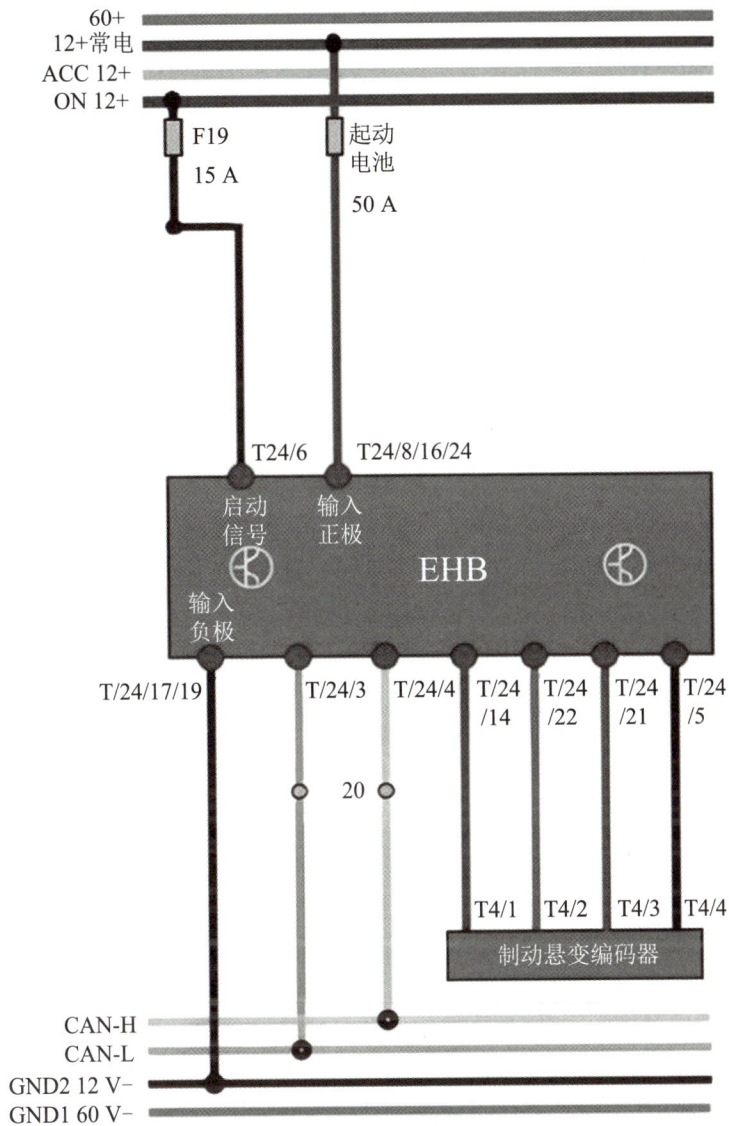

图 4.3-1　EHB 系统电路图

为了确保制动器的准确操作,制动旋变编码器起着重要的作用,它能够监测制动器的制动方向和速度,并将这些反馈信息传送回 EHB 控制器。这使得 EHB 控制器能够实时了解制动器的状态,从而做出更加精确和快速的响应。

EHB 控制器通过 CAN 总线进行通信,这是一种常用的车辆网络通信协议。通过 CAN 总线,EHB 控制器与其他车辆系统进行沟通和协调,交换各种信息。这些信息包括制动请求、制动踏板行程以及制动断电等。

线控制动系统主要通过 EHB-ECU 插接器来实现。EHB-ECU 插接器上有 24 个针脚,如图 4.3-2 和图 4.3-3 所示,这些针脚承载了各种信号线和电源线,针脚号定义如表 4.3-1 所示。

图 4.3-2　线控制动系统控制模块针脚示意图

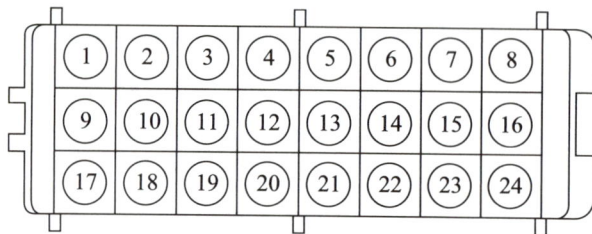

图 4.3-3　线控制动系统控制模块针脚模型图

表 4.3-1　ECU 针脚号定义

针脚编号	针脚定义	针脚编号	针脚定义
1	—	13	—
2	—	14	旋变负极
3	CAN-H	15	
4	CAN-L	16	12＋常电
5	旋变励磁	17	负极
6	ON12＋	18	—
7	—	19	负极
8	12＋常电	20	
9	—	21	旋变信号
10	—	22	旋变信号
11	—	23	—
12		24	12＋常电

　　其中制动旋变编码器（如图 4.3-4 所示）用于监测制动行程、方向和速度，并将这些信息的信号反馈给线控动系统的 ECU。制动旋变编码器可以实时地感知制动行程以及制动器的运动状态，通过反馈信号，ECU 能够获得关于制动器操作的准确和可靠信息。

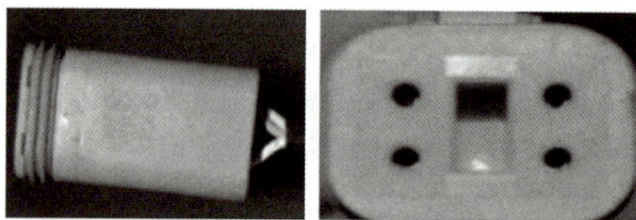

图 4.3-4　制动旋变编码器

　　通过 EHB-ECU 插接器上的针脚，线控制动系统能够与制动旋变编码器进行连接，实现数据的传输和交换。

课程总结

本学习任务主要围绕车辆制动拖滞故障维修展开讲述。通过学习,学生将深入了解线控制动系统的基础知识、线控制动系统的通信原理以及相应的电路图分析。此外,学生还将学习线控制动系统的调试操作,掌握故障检修的方法,并理解线控制动系统部件接插器针脚的定义。本课程内容全面涵盖了车辆制动拖滞故障维修的基础学习要领,目的在于帮助学生更好地理解新能源汽车线控制动系统功能。

课堂小测

一、单选题

1. 智能网联汽车线控制动系统与传统汽车制动系统的主要区别是(　　)。

A. 制动功能不同

B. 制动系统的输入接口和执行机构通过液压力连接

C. 制动系统的输入接口和执行机构通过线控(电子信号)连接

D. 制动信号通过传统的液压或机械联动方式实现制动操作

2. 智能网联汽车线控制动系统中的制动信号是如何传输的?(　　)

A. 通过电子信号传输　　　　　　　　B. 通过液压信号传输

C. 通过机械联动方式传输　　　　　　D. 通过气压信号传输

3. 在 EHB 系统中,以下哪个组件负责接收制动踏板信号并进行综合分析以控制制动压力?(　　)

A. 液压控制模块　　B. 踏板制动模块　　　C. 控制单元(HCU)　　D. 制动器

4. EHB 系统中,液压控制模块不包括以下哪个组件?(　　)

A. 电机　　　　　　B. 电机泵　　　　　　C. 蓄能器　　　　　　D. 制动器

5. 线控制动系统的验收测试中,以下不属于验收测试的内容的是(　　)。

A. 瞬态响应特性测试　　　　　　　　B. 制动压力控制性能测试

C. 制动释放时间测试　　　　　　　　D. 制动系统耐久性测试

二、多选题

1. 线控制动系统主要包括(　　)。

A. 液压式线控制动系统　　　　　　　B. 电子液压制动系统

C. 电子机械制动系统　　　　　　　　D. 机械控制动系统

2. 当前线控制动系统常见的功能特点包括(　　)。

A. 制动力输出调节　　　　　　　　　B. 辅助制动功能

C. 动能量回收　　　　　　　　　　　D. 自动制动控制

三、判断题

1. 电子液压制动(EHB)系统是在传统线性制动系统的基础上发展而来的。(　　)

2.电子机械制动(EMB)系统摒弃了一部分的传统制动系统的制动液及液压管路等部件,由电机驱动制动器产生制动力,是真正意义上的线控制动系统。(　　)

3.在制动压力传感器中,隔膜和与其连接的压阻测量电桥的长度会随着压力的增加而发生变化。(　　)

4.通过检测传感器,可以确保制动系统根据驾驶员的操作准确地调整制动力,及时发现故障并采取修复或更换措施,以确保制动系统的可靠性。(　　)

四、填空题

1.制动压力传感器的作用是测量＿＿＿＿＿＿＿内的实际压力,这个传感器通常位于制动主缸或＿＿＿＿＿＿＿中,以便及时监测制动系统的工作状态。

2.制动压力传感器通常与＿＿＿＿＿＿＿集成在一起,以实现对＿＿＿＿＿＿＿的精确监测和控制。

3.当制动压力传感器失灵时,系统会将＿＿＿＿＿＿＿功能降低到防抱死制动系统(ABS)和＿＿＿＿＿＿＿功能。这意味着制动系统仍然可以正常工作,但可能会失去一些高级的稳定性控制能力。

4.制动压力传感器的核心部件是一个＿＿＿＿＿＿＿,它受到＿＿＿＿＿＿＿的压力作用。当制动液的压力作用到压电元件上时,该元件上的电荷分布会发生改变。

"课堂小测"参考答案

学习任务 1

一、单选题

1. D　2. A　3. A　4. B　5. B

二、多选题

1. ABD　2. AC

三、判断题

1. ×　2. ×　3. ×　4. √

四、填空题

1. 自动正力矩　前方

2. 安全性　稳定性

3. 整车控制器(VCU)

4. 高压线路　高压部件

学习任务 2

一、单选题

1. B　2. B　3. B　4. C　5. D

二、多选题

1. BD　2. ABC

三、判断题

1. √　2. ×　3. √　4. √

四、填空题

1. 信号插接器　传感器插接器

2. 一体化设计

3. 转向齿轮　转向助力

4. 助力电机　发动机舱

学习任务 3

一、单选题

1. C　2. C　3. C　4. C　5. D

二、多选题

1. BCD　2. AB

三、判断题

1. √　2. √　3. √　4. ×

四、填空题

1. 整车控制器

2. CAN 总线　电机控制器

3. 低延时　ISO 11898-1

4. 收发器　数据传输终端

学习任务 4

一、单选题

1. C　2. A　3. C　4. D　5. D

二、多选题

1. BC　2. ABCD

三、判断题

1. ×　2. ×　3. √　4. √

四、填空题

1. 制动管路　制动液压系统

2. 液压控制单元　制动系统

3. 电子稳定性程序(ESP)

　　电子制动力分配(EBV)

4. 压电元件　制动液

参考文献

[1]李东兵,杨连福,李妙然,等.智能网联汽车底盘线控系统装调与检修[M].北京:机械工业出版社,2021.

[2]阮观强,张振东,黄宏成,等.汽车电器与电子控制技术[M].北京:机械工业出版社,2021.

[3]王希珂,詹海庭,张迪,等.智能网联汽车底盘线控执行系统安装与调试[M].北京:机械工业出版社,2022.

[4]曹江卫,孙振杰,叶香美,等.智能网联汽车概论[M].长春:吉林大学出版社,2021.

[5]王庞伟,张名芳.智能网联汽车电子技术[M].北京:机械工业出版社,2021.

[6]蔡晓兵,董光海.新能源汽车构造原理快速入门50天[M].北京:机械工业出版社,2021.

[7]魏民祥,赵万忠,刘锐,等.汽车电子与智能控制基础[M].北京:清华大学出版社,2019.